Vocabulary LIVE

1
Intermediate

Components & Features

DAY 04

>> **about** the **same** age 거의 같은 나이의[또래의]

about [əbáut]
부 거의, 대략 전 ~에 대하여
He arrived at **about** ten o'clock. 그는 거의 10시에 도착했다.
It is a book **about** music. 그것은 음악에 관한 책이다.

same [seim]
형 같은, 동일한 ⊕ different
We go to the **same** middle school. 우리는 같은 중학교에 다닌다.

age [eidʒ]
명 1 나이, 연령 2 시대
Mozart died at the **age** of 35.
모차르트는 35세의 나이에 사망했다.
the **age** of the Internet 인터넷 시대

>> **high above** the **clouds** 구름 위로 높이

high [hai]
형 1 (높이가) 높은 ⊕ low 2 (양·정도가) 높은, 많은 ⊕ low 부 높이 ⊕ low
We climbed the **high** mountain. 우리는 높은 산을 올랐다.
fly **high** 높이 날다

above [əbʌ́v]
전 ~보다 위에 ⊕ below 부 위에, 위로 ⊕ below
A bird is flying **above** the tree. 새가 나무 위로 날고 있다.
Put it on the shelf **above**. 그것을 위에 있는 선반에 두어라.

cloud [klaud]
명 구름
There is not a **cloud** in the sky. 하늘에 구름 한 점 없다.

cloudy 형 흐린, 구름이 잔뜩 낀

cloudy [kláudi]
형 흐린, 구름이 잔뜩 낀 ⊕ clear
Tomorrow will be **cloudy** and cold.
내일은 흐리고 추울 것이다.

cloud 명 구름

Word Link
명사 'cloud(구름)'에 '-y(~이 가득한)'를 붙이면, 형용사 'cloudy(구름이 잔뜩 낀)로 바뀌

Word Link Difference between Here and There
here vs there
• Read and complete the sentences.
1 London? I've always wanted to go _____.
2 Will you come _____? I need to talk to you.

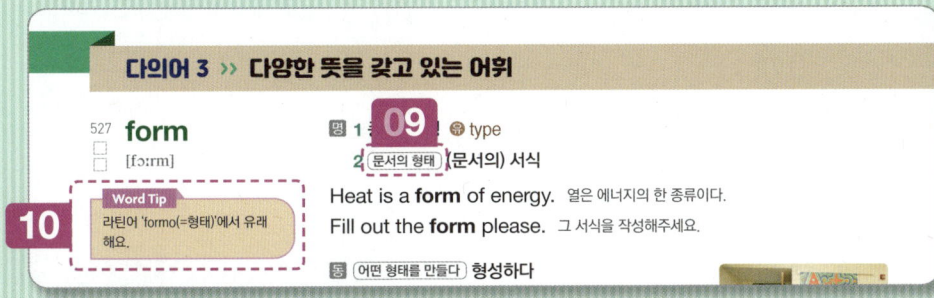

01 영상으로 덩어리 표현과 주제어를 다시 한번 학습하는 **Video**
02 QR코드를 이용하여 학습할 단어의 발음 청취
03 암기 횟수를 표시할 수 있는 2회독 체크박스
04 하루 20개 단어: 단어, 뜻, 예문, 유의어, 반의어, 참고 어휘 등 다양한 정보 수록
05 3~5개의 단어들을 패턴으로 묶어 한번에 익히는 덩어리 표현
06 형태나 의미적으로 서로 연관된 단어를 함께 학습하는 **Word Link**
07 단어의 주요 파생어 수록
08 Word Link에 기반한 문제 풀이를 통한 어휘력 확장
09 핵심 뜻만 알면 저절로 외워지는 다의어 암기 TIP 제공
10 어원을 비롯한 단어 암기에 도움을 주는 **Word Tip**
11 어원, 유래를 통해 의미를 유추하고 이해하는 관용표현 학습

교재에 사용된 기호

명 명사	부 부사	동 동의어	(-s) 복수형	[ ] 대체 가능 어구
대 대명사	접 접속사	유 유의어	(the ~) 단어 앞에 the가 함께 쓰임	( ) 생략 가능 어구, 보충 설명
동 동사	전 전치사	반 반의어	to-v to 부정사	(( )) 함께 쓰이는 전치사
형 형용사	감 감탄사		v-ing 동명사	

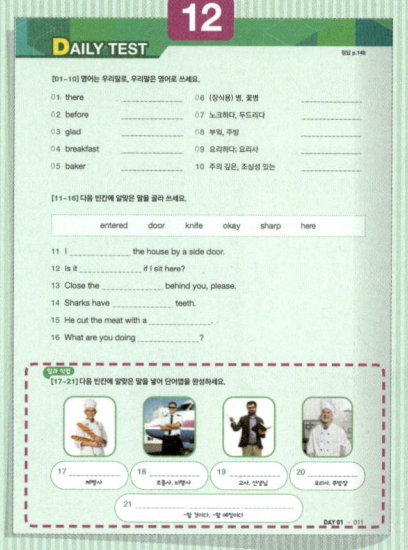
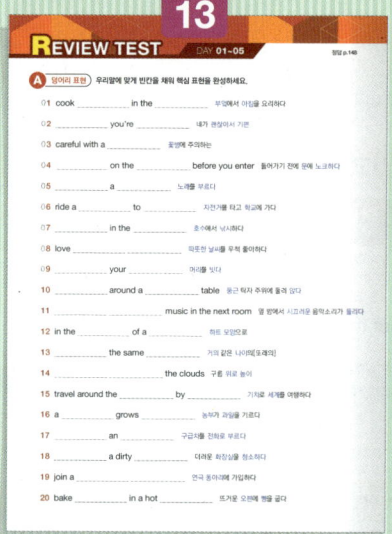
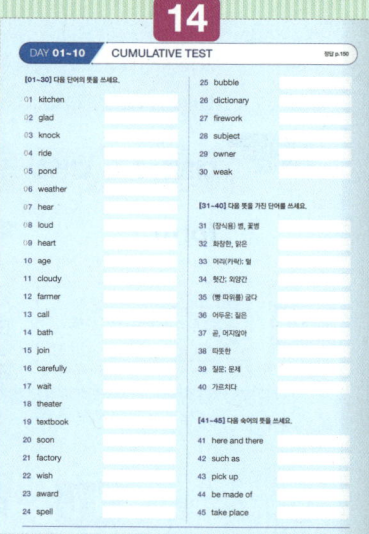

12 매일 암기한 어휘를 점검하고, MAP으로 주제별 어휘를 복습할 수 있는 **Daily Test**

13 5일간 학습한 단어 및 숙어를 점검하는 **Review Test**

14 10일간 학습한 단어 및 숙어를 점검하는 **Cumulative Test**

15 학습한 단어들로 구성된 재미있는 이야기를 읽고, 문맥 속에서 단어의 쓰임 파악

★ 한국식 영어 '콩글리시'를 대체할 수 있는 올바른 영어 표현 살펴보기

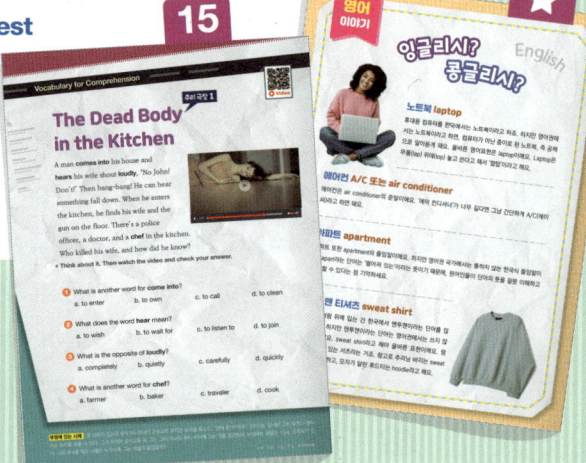

단어 암기를 돕는 온라인/오프라인 자료

복습용 워크북 (별책) | 3가지 버전의 무료 MP3 파일 | 다양한 부가 자료

How to Study

Vocabulary LIVE 학습 TIP

1. 덩어리 표현으로 외우자!
자주 쓰이는 문형 속에 단어들을 심어서 말뭉치로 외우면 독해와 듣기 속도가 빨라져요.

2. 주제별로 외우자!
연관성이 높은 단어들끼리 묶어 학습함으로써 암기의 효율을 높일 수 있어요.

3. 다양한 뜻을 익히자!
다양한 뜻을 가진 다의어들은 핵심적인 뜻 하나로 다른 여러 가지 뜻을 유추할 수 있어요.

4. 유의어와 반의어를 익히자!
해당 어휘와 비슷한 말 또는 반대말을 함께 학습함으로써 어휘력을 확장할 수 있어요.

6주 완성 Study Plan

DAY별로 학습 여부를 체크하거나 학습 날짜를 적어 넣어 보세요.

	1일차	2일차	3일차	4일차	5일차	6일차	7일차
Week 1 어휘 학습	DAY 01	DAY 02	DAY 03	DAY 04	DAY 05	DAY 01~05 복습	
Week 2 어휘 학습	DAY 06	DAY 07	DAY 08	DAY 09	DAY 10	DAY 06~10 복습	
Week 3 어휘 학습	DAY 11	DAY 12	DAY 13	DAY 14	DAY 15	DAY 11~15 복습	
Week 4 어휘 학습	DAY 16	DAY 17	DAY 18	DAY 19	DAY 20	DAY 16~20 복습	
Week 5 어휘 학습	DAY 21	DAY 22	DAY 23	DAY 24	DAY 25	DAY 21~25 복습	
Week 6 어휘 학습	DAY 26	DAY 27	DAY 28	DAY 29	DAY 30	DAY 26~30 복습	

Contents

Part 1 중급 핵심 어휘

DAY 01	008
DAY 02	012
DAY 03	016
DAY 04	020
DAY 05	024
REVIEW TEST DAY 01~05	028
DAY 06	030
DAY 07	034
DAY 08	038
DAY 09	042
DAY 10	046
REVIEW TEST DAY 06~10	050
CUMULATIVE TEST DAY 01~10	052
Vocabulary for Comprehension	053
DAY 11	054
DAY 12	058
DAY 13	062
DAY 14	066
DAY 15	070
REVIEW TEST DAY 11~15	074
DAY 16	076
DAY 17	080
DAY 18	084
DAY 19	088
DAY 20	092
REVIEW TEST DAY 16~20	096
CUMULATIVE TEST DAY 11~20	098
Vocabulary for Comprehension	099
DAY 21	100
DAY 22	104
DAY 23	108
DAY 24	112
DAY 25	116
REVIEW TEST DAY 21~25	120
영어 이야기	122

Part 2 다양한 유형의 어휘

DAY 26~27 다의어	124
DAY 28~30 관용표현	132
REVIEW TEST DAY 26~30	144
CUMULATIVE TEST DAY 21~30	146
Vocabulary for Comprehension	147
Answer Key	148
Index	155

Part 1

DAY 01~25

중급 핵심 어휘

DAY 01

›› cook breakfast in the kitchen 부엌에서 아침을 요리하다

001 cook [kuk]

동 요리하다 명 요리사 유 chef

I am **cooking** some pasta. 나는 파스타를 요리하고 있다.
He is a good **cook**. 그는 훌륭한 요리사이다.

002 breakfast [brékfəst]

명 아침 (식사)

I eat cereal for **breakfast**. 나는 아침 식사로 시리얼을 먹는다.
참고 lunch 점심 (식사)   dinner 저녁 (식사)

003 kitchen [kítʃən]

명 부엌, 주방

We usually eat in the **kitchen**.
우리는 보통 부엌에서 식사한다.

›› glad you're okay/here 네가 괜찮아서/여기 있어서 기쁜

004 glad [glæd]

형 기쁜, 반가운

I am **glad** to see you. 만나서 반가워.

005 okay [óukéi]

감 응, 좋아 동 OK 형 괜찮은 동 OK

"Will you come to my house?" "**Okay**." "우리 집에 올래?" "좋아."
Is it **okay** if I sit here? 내가 여기 앉아도 괜찮아?

006 here [hiər]

부 여기에(서), 이곳으로

What are you doing **here**? 너는 여기서 뭐 하고 있는 거니?

007 there [ðέər]

부 거기에(서), 그곳으로

Put your bag on the table over **there**.
네 가방을 거기 테이블 위에 두어라.

Word Link
here는 말하는 이로부터 가까운 곳을, there는 말하는 이로부터 먼 곳을 말해요.

careful with a vase/a sharp knife 꽃병에/예리한 칼에 주의하는

008 careful [kέərfəl]
형 주의 깊은, 조심성 있는
Be **careful**! The stove is hot! 조심해! 그 난로는 뜨거워!
carefully 부 조심스럽게, 신중하게

009 vase [veis]
명 (장식용) 병, 꽃병
Please put this **vase** on the table. 이 꽃병을 탁자 위에 놓아 주세요.

010 sharp [ʃɑːrp]
형 날카로운, 뾰족한
Sharks have **sharp** teeth.
상어는 날카로운 이빨을 가지고 있다.

011 knife [naif]
명 (복수형 knives) 칼, 나이프
He cut the meat with a **knife**. 그는 칼로 그 고기를 썰었다.

knock on the door before you enter 들어가기 전에 문에 노크하다

012 knock [nak]
동 노크하다, 두드리다
I **knocked** three times and waited. 나는 세 번 노크하고 기다렸다.
knock on a window 창문을 두드리다

013 door [dɔːr]
명 문
Close the **door** behind you, please. 나갈 때 문을 닫아 주세요.

014 before [bifɔ́ːr]
전 ~ 전에 반 after 접 ~하기 전에 반 after
Wash your hands **before** dinner. 저녁 먹기 전에 손을 씻어라.
Say goodbye **before** you go. 가기 전에 작별 인사를 해라.

015 enter [éntər]
동 1 들어가다 2 입학하다
I **entered** the house by a side door.
나는 옆문으로 그 집에 들어갔다.
enter a school 학교에 들어가다[입학하다]
entrance 명 입구; 입장; 입학

주제: 일과 직업

016 pilot [páilət]
명 조종사, 비행사
The **pilot** flew the plane through the storm.
그 조종사는 폭풍우를 뚫고 비행기를 조종했다.

017 teacher [tíːtʃər]
명 교사, 선생님
She is a history **teacher**. 그녀는 역사 선생님이다.
teach 동 가르치다

018 baker [béikər]
명 제빵사
The **baker** made a cake. 그 제빵사는 케이크를 만들었다.
bake 동 (빵 따위를) 굽다

019 chef [ʃef]
명 요리사, 주방장 ⊕ cook
He is a **chef** at a famous hotel. 그는 유명 호텔의 주방장이다.

020 be going to-v
~할 것이다, ~할 예정이다
I **am going to** be a chef. 나는 요리사가 될 것이다.

Word Link  Difference between Here and There

 here vs there

- Read and complete the sentences.
  1 London? I've always wanted to go _____.
  2 Will you come _____? I need to talk to you.

Answers 1 there 2 here

DAILY TEST

정답 p.148

[01~10] 영어는 우리말로, 우리말은 영어로 쓰세요.

01 there _____
02 before _____
03 glad _____
04 breakfast _____
05 baker _____

06 (장식용) 병, 꽃병 _____
07 노크하다, 두드리다 _____
08 부엌, 주방 _____
09 요리하다; 요리사 _____
10 주의 깊은, 조심성 있는 _____

[11~16] 다음 빈칸에 알맞은 말을 골라 쓰세요.

| entered   door   knife   okay   sharp   here |

11 I _____ the house by a side door.
12 Is it _____ if I sit here?
13 Close the _____ behind you, please.
14 Sharks have _____ teeth.
15 He cut the meat with a _____.
16 What are you doing _____?

일과 직업

[17~21] 다음 빈칸에 알맞은 말을 넣어 단어맵을 완성하세요.

17 _____ 제빵사
18 _____ 조종사, 비행사
19 _____ 교사, 선생님
20 _____ 요리사, 주방장

21 _____ ~할 것이다, ~할 예정이다

DAY 01 • 011

DAY 02

›› listen to/sing a song 노래를 듣다/부르다

021 listen [lísn]
동 듣다, 귀 기울이다 ((to))
I am **listening** to music. 나는 음악을 듣고 있다.
You should always **listen** to your teacher.
너희들은 항상 너희 선생님 말씀에 귀 기울여야 해.

022 sing [siŋ]
동 (sang-sung) 노래하다, (노래를) 부르다
Most children enjoy **singing**. 대부분의 아이들은 노래하는 것을 즐긴다.
sing us a song 우리에게 노래를 불러주다

023 song [sɔ́ːŋ]
명 노래
What is your favorite **song**? 네가 가장 좋아하는 노래는 무엇이니?
write a **song** 노래를 쓰다[작곡하다]

›› ride a bicycle to school 자전거를 타고 학교에 가다

024 ride [raid]
동 (rode-ridden) (말·탈것 등을) 타다 명 타기, 타고 가기
I'm learning how to **ride** a horse. 나는 말 타는 법을 배우고 있다.
a train **ride** 기차 타기

025 bicycle [báisikl]
명 자전거 동 bike
We traveled around Europe by **bicycle**.
우리는 자전거로 유럽을 여행했다.

026 to [tu]
전 1 |방향·장소| ~로[에] 2 |범위| ~까지
We went **to** the library. 우리는 도서관에 갔다.
They work from Monday **to** Friday. 그들은 월요일부터 금요일까지 일한다.

027 school [skuːl]
명 학교
There are twenty classrooms in this **school**.
이 학교에는 스무 개의 교실이 있다.

≫ swim/fish in the lake 호수에서 수영하다/낚시하다

028 swim
[swim]

동 (swam-swum) 수영하다, 헤엄치다
We **swam** in the cold water. 우리는 차가운 물에서 수영했다.

029 fish
[fiʃ]

명 물고기 동 낚시하다[낚다]
He caught a really big **fish**.
그는 정말 큰 물고기를 잡았다.
Let's go **fishing**. 낚시하러 가자.

030 lake
[leik]

명 호수
Are there any fish in the **lake**? 그 호수에 물고기가 있나요?

031 pond
[pand]

명 연못
Ducks live in the **pond** near my house. 우리 집 근처 연못에 오리가 산다.

> **Word Link**
> 일반적으로 '연못(pond)'은 '호수(lake)'보다는 작은 규모를 나타내요.

≫ love warm/sunny weather 따뜻한/화창한 날씨를 무척 좋아하다

032 love
[lʌv]

동 사랑하다; 매우 좋아하다 명 사랑
I **love** my family. 나는 우리 가족을 사랑한다.
She **loves** reading books. 그녀는 책 읽는 것을 매우 좋아한다.
a **love** story 사랑 이야기

033 warm
[wɔːrm]

형 따뜻한 반 cool
Her hands are **warm**. 그녀의 손은 따뜻하다.
drink **warm** milk 따뜻한 우유를 마시다

034 sunny
[sʌ́ni]

형 화창한, 맑은
It's raining today, but yesterday it was **sunny**.
오늘은 비가 오고 있지만, 어제는 화창했다.

035 weather
[wéðər]

명 날씨
How is the **weather** in New York? 뉴욕의 날씨는 어때요?

DAY 02 • 013

| 주제 | **농장생활** |

036 farm [fá:rm]
명 농장
He grows apples on his **farm**. 그는 농장에서 사과를 키운다.
farmer 명 농부

037 barn [ba:rn]
명 헛간; 외양간
We store our rice in a **barn**. 우리는 우리의 쌀을 헛간에 저장한다.
The cows stay in the **barn** at night. 소들은 밤에 외양간에서 지낸다.

038 feed [fi:d]
동 (fed-fed) 먹이를 주다
The man is **feeding** the pigs. 그 남자는 돼지들에게 먹이를 주고 있다.

039 seed [si:d]
명 씨, 씨앗
We plant the **seeds** in late spring. 우리는 늦봄에 씨를 심는다.

040 here and there
여기저기에
The goat is running **here and there**.
그 염소는 여기저기 뛰어다니고 있다.

Word Link — Words with Similar Meanings

 pond

lake

- Read and circle the correct word.

  1 A (pond / lake) is smaller than a (pond / lake).

  2 A (pond / lake) is deeper than a (pond / lake).

Answers 1 pond, lake 2 lake, pond

DAILY TEST

정답 p.148

[01~06] 다음 우리말과 같은 뜻이 되도록 빈칸에 알맞은 단어를 쓰세요.

01 사랑 이야기   a _____ story
02 너희 선생님 말씀에 귀 기울이다   _____ to your teacher
03 노래를 쓰다[작곡하다]   write a _____
04 차가운 물에서 수영하다   _____ in the cold water
05 월요일부터 금요일까지   from Monday _____ Friday
06 기차 타기   a train _____

[07~12] 다음 빈칸에 알맞은 말을 골라 쓰세요.

> sunny   pond   weather   school   bicycle   warm

07 There are twenty classrooms in this _____.
08 Her hands are _____.
09 Ducks live in the _____ near my house.
10 How is the _____ in New York?
11 We traveled around Europe by _____.
12 It's raining today, but yesterday it was _____.

농장생활
[13~17] 다음 빈칸에 알맞은 말을 넣어 단어맵을 완성하세요.

13 _____ 헛간; 외양간
14 _____ 농장
15 _____ 씨, 씨앗
16 _____ 먹이를 주다
17 _____ and _____ 여기저기에

DAY 02 • 015

DAY 03

>> **brush/wash** your **hair** 머리를 빗다/감다

041 **brush**
[brʌʃ]

명 붓, 솔, 빗 동 솔질[빗질/양치질]을 하다
I need a clothes **brush**. 나는 옷솔이 필요하다.
I **brush** my teeth every night. 나는 매일 밤 양치질을 한다.

042 **wash**
[waʃ]

동 씻다
He **washed** all the cups. 그는 모든 컵을 씻었다.

043 **hair**
[hɛər]

명 머리(카락); 털
She has long brown **hair**. 그녀는 긴 갈색 머리를 가지고 있다.
There is a **hair** in my soup! 내 수프에 머리카락이 들어 있어!
cat **hairs** 고양이 털

>> **sit around** a **round table** 둥근 탁자 주위에 둘러 앉다

044 **sit**
[sit]

동 (sat-sat) 앉다 반 stand
She is **sitting** in a chair. 그녀는 의자에 앉아 있다.

045 **around**
[əráund]

전 ~ 주위에, ~을 둘러싸고 부 주위에
There are some trees **around** the park.
공원 주위에 몇 그루의 나무들이 있다.
look **around** 주위를 둘러보다

046 **round**
[raund]

형 둥근
The earth is **round**. 지구는 둥글다.

047 **table**
[téibl]

명 테이블, 탁자
Only four people can sit at our kitchen **table**.
단 네 명만이 우리 부엌 식탁에 앉을 수 있다.
a long **table** 긴 탁자

›› hear loud music in the next room 옆 방에서 시끄러운 음악소리가 들리다

048 hear [hiər]
- 통 (heard-heard) 들리다, 듣다
- Can you **hear** me well? 제 목소리가 잘 들리세요?

049 loud [laud]
- 형 큰 소리의, 시끄러운 반 quiet
- He spoke in a very **loud** voice. 그는 매우 큰 목소리로 말했다.
- **loudly** 부 큰 소리로, 시끄럽게

050 music [mjú:zik]
- 명 음악
- I like listening to **music**. 나는 음악 듣는 것을 좋아한다.
- **musical** 형 음악의, 음악적인 명 뮤지컬 **musician** 명 음악가, 뮤지션

051 next [nekst]
- 형 |시간·순서·공간| 다음[뒤/옆]의 부 그 다음[뒤]에
- When is the **next** train? 다음 열차는 언제 있나요?
- What happened **next**? 그 뒤에 무슨 일이 일어났나요?

052 room [ru:m]
- 명 방, -실
- Our house has four **rooms**. 우리 집에는 네 개의 방이 있다.
- a living/meeting **room** 거실/회의실

›› in the shape of a heart 하트 모양으로

053 shape [ʃeip]
- 명 1 모양, 형태 2 (건강) 상태; 몸매
- What **shape** is the table? 그 탁자는 어떤 모양입니까?
- in good **shape** (몸의) 상태가 좋은

054 heart [ha:rt]
- 명 1 심장 2 마음
- She has a weak **heart**. 그녀는 심장이 약하다.
- He has a kind **heart**. 그는 마음씨가 친절하다.

055 triangle [tráiæŋgl]
- 명 삼각형
- A **triangle** has three sides.
- 삼각형에는 세 개의 면이 있다.

> **Word Link**
> '삼각형(triangle)', '정사각형(square)', '원형(circle)'이 대표적인 도형들이에요.

주제 레스토랑

056 menu [ménjuː]
명 (식당·식사의) 메뉴
What is on the **menu** tonight? 오늘 밤 메뉴는 무엇인가요?

057 hungry [hʌ́ŋgri]
형 배고픈 반 full
I am really **hungry**. 나는 정말 배가 고프다.

058 dish [diʃ]
명 1 접시, 그릇 유 plate 2 요리
Place pasta on a **dish**. 접시 위에 파스타를 담아라.
Tacos are a **dish** from Mexico. 타코는 멕시코 요리이다.

059 chew [tʃuː]
동 (음식을) 씹다
Chew your food well. 음식을 꼭꼭 씹어라.

060 such as
~와 같은
I like food **such as** pizza and hotdogs.
나는 피자와 핫도그 같은 음식을 좋아한다.

Word Link — Different Shape Names

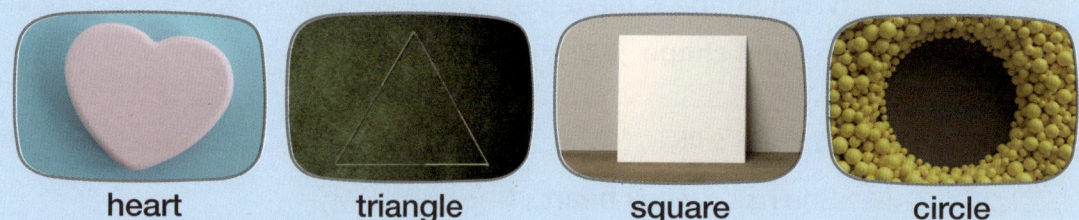

heart   triangle   square   circle

- Read and circle the correct word.

  1 The mountain is a (triangle / square).

  2 The sun is a (heart / circle).

Answers 1 triangle 2 circle

DAILY TEST

정답 p.148

[01~06] 다음 단어들을 알맞게 연결하여 어구를 완성하고 그 뜻을 쓰세요.

01 wash • • ⓐ table 뜻: _____
02 the next • • ⓑ voice 뜻: _____
03 a kitchen • • ⓒ heart 뜻: _____
04 a loud • • ⓓ all the cups 뜻: _____
05 a kind • • ⓔ train 뜻: _____
06 brown • • ⓕ hair 뜻: _____

[07~12] 다음 빈칸에 알맞은 말을 골라 쓰세요.

| around hear sitting brush music round |

07 I _____ my teeth every night.
08 The earth is _____.
09 There are some trees _____ the park.
10 She is _____ in a chair.
11 Can you _____ me well?
12 I like listening to _____.

레스토랑

[13~17] 다음 빈칸에 알맞은 말을 넣어 단어맵을 완성하세요.

13 _____ 접시, 그릇; 요리
14 _____ 배고픈
16 _____ (식당·식사의) 메뉴
15 _____ (음식을) 씹다
17 _____ ~와 같은

DAY 03 • 019

DAY 04

>> **about** the **same age** 거의 같은 나이의[또래의]

061 about [əbáut]
- 부 거의, 대략 전 ~에 대하여
- He arrived at **about** ten o'clock. 그는 거의 10시에 도착했다.
- It is a book **about** music. 그것은 음악에 관한 책이다.

062 same [seim]
- 형 같은, 동일한 반 different
- We go to the **same** middle school. 우리는 같은 중학교에 다닌다.

063 age [eidʒ]
- 명 1 나이, 연령 2 시대
- Mozart died at the **age** of 35. 모차르트는 35세의 나이에 사망했다.
- the **age** of the Internet 인터넷 시대

>> **high above** the **clouds** 구름 위로 높이

064 high [hai]
- 형 1 (높이가) 높은 반 low 2 (양·정도가) 높은, 많은 반 low 부 높이 반 low
- We climbed the **high** mountain. 우리는 높은 산을 올랐다.
- fly **high** 높이 날다

065 above [əbʌ́v]
- 전 ~보다 위에 반 below 부 위에, 위로 반 below
- A bird is flying **above** the tree. 새가 나무 위로 날고 있다.
- Put it on the shelf **above**. 그것을 위에 있는 선반에 두어라.

066 cloud [klaud]
- 명 구름
- There is not a **cloud** in the sky. 하늘에 구름 한 점 없다.
- cloudy 형 흐린, 구름이 잔뜩 낀

067 cloudy [kláudi]
- 형 흐린, 구름이 잔뜩 낀 반 clear
- Tomorrow will be **cloudy** and cold. 내일은 흐리고 추울 것이다.
- cloud 명 구름

> **Word Link**
> 명사 'cloud(구름)'에 '-y(~이 가득한)'를 붙이면, 형용사 'cloudy(구름이 잔뜩 낀)'로 바뀌어요.

›› travel around the world by train 기차로 세계를 여행하다

068 travel [trǽvəl]
동 여행하다 명 여행
Tom **traveled** to many countries. 톰은 여러 국가로 여행 다녔다.
traveler 명 여행자

069 world [wəːrld]
명 세계
What is the **world**'s tallest building?
세계에서 가장 높은 건물은 무엇인가요?

070 by [bai]
전 1 |위치| ~ 옆에 ⊕ next to 2 |방법·수단| ~로
Come and sit **by** me. 내 옆에 와서 앉아.
I'll go there **by** bus. 나는 버스로 거기 갈게.

071 train [trein]
명 기차 동 교육[훈련]시키다
I took a **train** to Paris. 나는 파리로 가는 기차를 탔다.
train a police dog 경찰견을 훈련시키다

›› a farmer grows/picks fruit 농부가 과일을 기르다/따다

072 farmer [fάːrmər]
명 농부
The **farmer** planted fruits. 그 농부는 과일을 심었다.
farm 명 농장

073 grow [grou]
동 (grew-grown) 1 자라다, 성장하다 2 기르다 ⊕ raise
Children **grow** so quickly. 아이들은 너무나 빨리 자란다.
grow tomatoes 토마토를 기르다
growth 명 성장, 발육; 증가

074 pick [pik]
동 1 고르다 ⊕ choose 2 따다, 꺾다
Pick a number from one to ten. 1에서 10까지의 숫자 중에서 하나를 골라라.
pick flowers/grapes 꽃을 꺾다/포도를 따다

075 fruit [fruːt]
명 과일
We ate fresh **fruit** after dinner. 우리는 저녁 식사 후 신선한 과일을 먹었다.

주제: 학교시설

076 **cafeteria** [kæfətíəriə]
명 구내식당
We have lunch at the school **cafeteria**.
우리는 학교 구내식당에서 점심을 먹는다.

077 **homeroom** [hóumruːm]
명 홈룸(소속 반)
She is my **homeroom** teacher. 그녀는 나의 담임 선생님이다.

078 **playground** [pléigràund]
명 운동장, 놀이터
The kids are running around the **playground**.
아이들이 운동장을 뛰어다니고 있다.

079 **gym** [dʒim]
명 체육관; 헬스장
Let's play basketball at the **gym**. 체육관에서 농구 하자.
go to a **gym** 헬스장에 가다

080 **go to school**
학교에 다니다
Where do you **go to school**? 어디 학교에 다니세요?

Word Link — Adjectives with the -y Ending

noun: cloud → adjective: cloudy

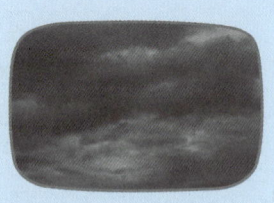

- Read and complete the sentences.

  1 There is a dark _____.

  2 It is a _____ day.

Answers 1 cloud 2 cloudy

DAILY TEST

정답 p.148

[01~08] 다음 우리말과 같은 뜻이 되도록 빈칸에 알맞은 단어를 쓰세요.

01 인터넷 시대   the _____ of the Internet

02 경찰견을 훈련시키다   _____ a police dog

03 음악에 관한 책   a book _____ music

04 꽃을 꺾다   _____ flowers

05 여러 국가로 여행 다니다   _____ to many countries

06 토마토를 기르다   _____ tomatoes

07 세계에서 가장 높은 건물   the _____'s tallest building

08 신선한 과일을 먹다   eat fresh _____

[09~12] 다음 밑줄 친 부분의 반의어를 골라 연결하세요.

09 We climbed the <u>high</u> mountain.   •   • ⓐ different

10 Tomorrow will be <u>cloudy</u> and cold.   •   • ⓑ below

11 Put it on the shelf <u>above</u>.   •   • ⓒ low

12 We go to the <u>same</u> middle school.   •   • ⓓ clear

학교시설

[13~17] 다음 빈칸에 알맞은 말을 넣어 단어맵을 완성하세요.

13 _____ 운동장, 놀이터

14 _____ 홈룸(소속 반)

15 _____ 구내식당

16 _____ 체육관

17 _____ 학교에 다니다

DAY 05

» call the police/an ambulance 경찰을/구급차를 전화로 부르다

081 call [kɔːl]
동 1 부르다 2 전화하다 명 전화 (통화)
The teacher **called** my name. 그 선생님께서 내 이름을 불렀다.
What time did he **call**? 그가 몇 시에 전화를 했나요?
make a **call** 전화를 걸다

082 police [pəlíːs]
명 (the ~) 경찰
Where is the **police** station? 경찰서가 어디에 있나요?
참고 policeman[police officer] 경찰관

083 ambulance [ǽmbjuləns]
명 구급차, 앰뷸런스
An **ambulance** came and took Mike to the hospital.
구급차가 와서 마이크를 병원으로 데려갔다.

» clean a dirty bathroom 더러운 화장실을 청소하다

084 clean [kliːn]
형 깨끗한 반 dirty 동 청소하다
Are your hands **clean**? 너의 손은 깨끗하니?
I need to **clean** the windows. 나는 창문을 청소해야[닦아야] 한다.

085 dirty [də́ːrti]
형 더러운, 지저분한 반 clean
All my socks are **dirty**. 내 양말은 모두 더럽다.

086 bathroom [bǽθrùːm]
명 욕실, 화장실
I need to go to the **bathroom**. 나는 화장실에 가야 한다[화장실이 급하다].
bath 명 목욕
참고 restroom (공공 장소의) 화장실

087 bath [bæθ]
명 목욕
I take a **bath** every evening.
나는 매일 저녁 목욕을 한다.
bathroom 명 욕실, 화장실

Word Link
bathroom은 'bath(목욕)'와 'room(방, -실)'으로 이루어진 합성어예요.

join a drama/dance club 연극/춤 동아리에 가입하다

088 join [dʒɔin]
동 1 가입하다 2 함께하다
I am going to **join** a gym. 나는 헬스장에 가입할 것이다.
Will you **join** us for lunch? 너 우리와 점심 함께 할래?

089 drama [drάːmə]
명 드라마[극], 연극
Comedy is a type of **drama**. 희극은 드라마의 한 종류이다.
a **drama** student 연극 전공 학생

090 dance [dæns]
동 춤추다 명 춤, 댄스
I don't know how to **dance**. 저는 춤을 출 줄 몰라요.
a **dance** class 댄스 수업
dancer 명 춤추는 사람, 댄서

091 club [klʌb]
명 클럽, 동호회
He is a member of a book **club**. 그는 독서 클럽의 회원이다.

bake bread in a hot oven 뜨거운 오븐에 빵을 굽다

092 bake [beik]
동 (빵 따위를) 굽다
I **baked** a birthday cake. 나는 생일 케이크를 구웠다.
baker 명 제빵사

093 bread [bred]
명 빵
Put butter on the **bread**. 빵 위에 버터를 바르세요.

094 hot [hɑt]
형 1 뜨거운, 더운 (반) cold 2 매운 (유) spicy
It is so **hot** today. 오늘 너무 덥다.
hot sauce 매운 소스

095 oven [ʌ́vən]
명 오븐
Take the cookies out of the **oven**.
쿠키를 오븐에서 꺼내라.

주제 ▶ 동물의 신체

096 wing [wiŋ]
명 날개
The bird spread its **wings**. 새가 날개를 펼쳤다.

097 feather [féðər]
명 깃털
Only birds have **feathers**. 오직 새만이 깃털을 갖는다.

098 fur [fəːr]
명 1 (일부 동물의) 털 2 모피
In the winter, the bear's **fur** becomes very thick.
겨울에, 곰의 털이 매우 두꺼워진다.
He is wearing a **fur** coat. 그는 모피 코트를 입고 있다.

099 tail [teil]
명 (동물의) 꼬리
The dog shakes his **tail** when he is happy.
그 개는 행복할 때 꼬리를 흔든다.

100 of course
물론, 당연히
Of course, I love animals. 물론 나는 동물들을 사랑한다.

Word Link — Compound Words

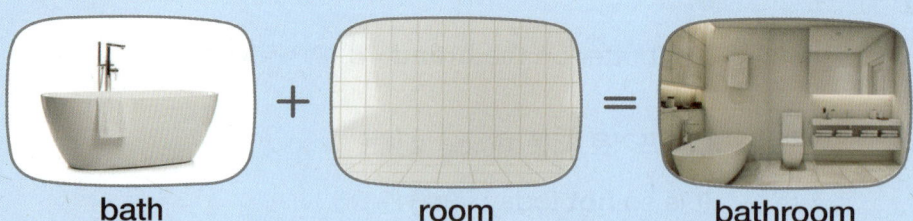

bath + room = bathroom

- Separate into two words.

1 classroom = _____ + _____

2 bedroom = _____ + _____

Answers 1 class, room 2 bed, room

DAILY TEST

정답 p.148

[01~10] 영어는 우리말로, 우리말은 영어로 쓰세요.

01 club _____
02 drama _____
03 clean _____
04 ambulance _____
05 of course _____

06 경찰 _____
07 욕실, 화장실 _____
08 춤추다; 춤, 댄스 _____
09 (빵 따위를) 굽다 _____
10 가입하다; 함께하다 _____

[11~16] 다음 빈칸에 알맞은 말을 골라 쓰세요.

> call   bath   bread   oven   dirty   hot

11 I take a _____ every evening.
12 Put butter on the _____.
13 What time did he _____?
14 It is so _____ today.
15 All my socks are _____.
16 Take the cookies out of the _____.

동물의 신체
[17~21] 다음 빈칸에 알맞은 말을 넣어 단어맵을 완성하세요.

17 _____ 날개
18 _____ (동물의) 꼬리
19 _____ 깃털
20 _____ (일부 동물의) 털; 모피
21 _____ _____ 물론, 당연히

REVIEW TEST　DAY 01~05

정답 p.148

A 덩어리 표현　우리말에 맞게 빈칸을 채워 핵심 표현을 완성하세요.

01　cook _____ in the _____　부엌에서 아침을 요리하다

02　_____ you're _____　네가 괜찮아서 기쁜

03　careful with a _____　꽃병에 주의하는

04　_____ on the _____ before you enter　들어가기 전에 문에 노크하다

05　_____ a _____　노래를 부르다

06　ride a _____ to _____　자전거를 타고 학교에 가다

07　_____ in the _____　호수에서 낚시하다

08　love _____ _____　따뜻한 날씨를 무척 좋아하다

09　_____ your _____　머리를 빗다

10　_____ around a _____ table　둥근 탁자 주위에 둘러 앉다

11　_____ _____ music in the next room　옆 방에서 시끄러운 음악소리가 들리다

12　in the _____ of a _____　하트 모양으로

13　_____ the same _____　거의 같은 나이의[또래의]

14　_____ _____ the clouds　구름 위로 높이

15　travel around the _____ by _____　기차로 세계를 여행하다

16　a _____ grows _____　농부가 과일을 기르다

17　_____ an _____　구급차를 전화로 부르다

18　_____ a dirty _____　더러운 화장실을 청소하다

19　join a _____ _____　연극 동아리에 가입하다

20　bake _____ in a hot _____　뜨거운 오븐에 빵을 굽다

028

B 주제별 어휘 우리말에 맞게 빈칸을 채워 문장을 완성하세요.

일과 직업

01 The _____ made a cake.
그 제빵사는 케이크를 만들었다.

02 He is a _____ at a famous hotel.
그는 유명 호텔의 주방장이다.

농장생활

03 He grows apples on his _____.
그는 농장에서 사과를 키운다.

04 We store our rice in a _____.
우리는 우리의 쌀을 헛간에 저장한다.

레스토랑

05 What is on the _____ tonight?
오늘 밤 메뉴는 무엇인가요?

06 Tacos are a _____ from Mexico.
타코는 멕시코 요리이다.

학교시설

07 The kids are running around the _____.
아이들이 운동장을 뛰어다니고 있다.

08 Let's play basketball at the _____.
체육관에서 농구 하자.

동물의 신체

09 In the winter, the bear's _____ becomes very thick.
겨울에, 곰의 털이 매우 두꺼워진다.

10 The dog shakes his _____ when he is happy.
그 개는 행복할 때 꼬리를 흔든다.

C Word Link 다음 문맥에 알맞은 표현을 고르세요.

01 A (pond / lake) is deeper than a (pond / lake).

02 There is a dark (cloud / cloudy).

03 Will you come (here / there)? I need to talk to you.

04 The mountain is a (triangle / square).

05 I need to go to the (bath / bathroom).

DAY 06

>> **drive carefully** in the **snow** 눈길에 조심스럽게 운전하다

101 drive [draiv]
동 (drove-driven) 운전하다
She **drives** a taxi. 그녀는 택시를 운전한다.
driver 명 운전자, 기사

102 carefully [kέərfəli]
부 조심스럽게, 신중하게
She put the glass down **carefully**. 그녀는 잔을 조심스럽게 내려놓았다.
careful 형 주의 깊은, 조심성 있는

103 snow [snou]
명 눈 동 눈이 오다
There is some **snow** on the bench. 벤치에 눈이 약간 있다.
It **snowed** a lot today. 오늘 눈이 많이 왔다.
snowy 형 눈이 많이 오는

>> **paint** a **picture** in **dark colors** 짙은 색으로 그림을 그리다

104 paint [peint]
명 페인트 동 1 페인트칠하다 2 (그림 물감으로) 그리다
I need more blue **paint**. 나는 파란색 페인트가 더 필요하다.
paint a wall 벽에 페인트칠하다
My sister **paints** well. 내 여동생은 그림을 잘 그린다.
painter 명 화가   painting 명 (물감으로 그린) 그림

105 picture [píktʃər]
명 1 그림 ⊕ painting 2 사진 ⊕ photograph
Jack takes a lot of **pictures**. 잭은 사진을 많이 찍는다.

106 dark [daːrk]
형 어두운; 짙은 ⊕ light
It was a **dark** night. 어두운 밤이었다.
darkness 명 어둠, 깜깜함

107 color [kʌ́lər]
명 색(깔) 동 ~에 색칠[채색]하다
I love to draw and **color**. 나는 그리고 색칠하는 것을 무척 좋아한다.
colorful 형 알록달록한, (색이) 다채로운

≫ wait in line at a movie theater 영화관에서 줄 서서 기다리다

108 wait [weit]
图 기다리다 ((for))
We are **waiting** for a bus. 우리는 버스를 기다리는 중이다.

109 line [lain]
图 1 선 2 (일렬로 세워진) 줄 图 늘어서다
I drew a **line** on the paper. 나는 그 종이 위에 선을 그렸다.
a **line** of trees 한 줄로 늘어선 나무들[가로수]
Shops **line** the street. 상점들이 거리에 늘어서 있다.

110 movie [múːvi]
图 영화 ㉤ film
Let's go to see a **movie** tonight. 오늘 밤에 영화 보러 가자.

111 theater [θíːətər]
图 극장
We saw a musical in a big **theater**. 우리는 큰 극장에서 뮤지컬을 봤다.
a movie **theater** 영화관

≫ shop for a pair of shoes 신발 한 켤레를 사다

112 shop [ʃɑp]
图 가게, 상점 ㉤ store 图 물건을 사다, 쇼핑하다
There is a toy **shop** in the mall. 그 쇼핑몰 안에 장난감 가게가 있다.
Does she like to **shop**? 그녀는 쇼핑하는 것을 좋아하나요?

113 pair [pɛər]
图 한 쌍[켤레]; (두 개로 분리할 수 없는) 한 개
I bought a **pair** of socks. 나는 양말 한 켤레를 샀다.
a **pair** of sunglasses 선글라스 한 개

114 sunglasses [sʌ́nglæsiz]
图 선글라스
They wear **sunglasses** to protect their eyes.
그들은 눈을 보호하기 위해 선글라스를 쓴다.

> **Word Link**
> 'sunglasses(선글라스)'는 두 개가 짝을 이루는 명사로, 이것의 개수를 셀 때 a pair of를 사용해요.

115 shoe [ʃuː]
图 (-s) 신발, 구두
The boy is wearing blue **shoes**. 그 소년은 파란색 신발을 신고 있다.

주제: 책과 서점

116 title [táitl]
명 제목
Do you know the **title** of the book? 그 책의 제목을 아세요?

117 text [tekst]
명 (책·잡지의) 본문, 글
This dictionary has both **text** and pictures.
이 사전에는 글과 사진이 모두 있다.

118 bookstore [búkstɔ̀ːr]
명 서점, 책방 ⑧ bookshop
I bought a book at a **bookstore**. 나는 서점에서 책을 한 권 샀다.

119 mystery [místəri]
명 1 수수께끼; 신비 2 추리 소설
His death is still a **mystery**. 그의 죽음은 여전히 수수께끼다.
I like to read **mysteries**. 나는 추리소설 읽는 것을 좋아한다.
mysterious 형 이해하기 힘든, 기이한

120 pick up
1 ~을 집다 2 ~을 (차에) 태우러 가다[오다]
The girl **picked up** a book. 그 소녀는 책 한 권을 집어 들었다.
Will you **pick** me **up** at the bookstore? 서점으로 나를 태우러 올래?

Word Link — Use of "a pair of"

a pair of sunglasses

a pair of shoes

two pairs of shoes

- Read and circle the correct answer.

1 There is (a / a pair of) shoe on the floor.

2 She is wearing a pair of (dress / sunglasses).

Answers 1 a 2 sunglasses

DAILY TEST

정답 p.149

[01~06] 다음 단어들을 알맞게 연결하여 어구를 완성하고 그 뜻을 쓰세요.

01 a dark   •   ⓐ a wall   뜻: _____
02 a pair of   •   ⓑ night   뜻: _____
03 wait for   •   ⓒ pictures   뜻: _____
04 paint   •   ⓓ sunglasses   뜻: _____
05 a movie   •   ⓔ theater   뜻: _____
06 take a lot of •   ⓕ a bus   뜻: _____

[07~10] 다음 밑줄 친 부분의 품사를 고르고, 그 뜻을 쓰세요.

07 I love to draw and <u>color</u>.   (명 / 동)   뜻: _____
08 It <u>snowed</u> a lot today.   (명 / 동)   뜻: _____
09 There is a toy <u>shop</u> in the mall.   (명 / 동)   뜻: _____
10 Shops <u>line</u> the street.   (명 / 동)   뜻: _____

책과 서점
[11~15] 다음 빈칸에 알맞은 말을 넣어 단어맵을 완성하세요.

11 _____ 서점, 책방
12 _____ 추리소설
13 _____ 제목
14 _____ (책·잡지의) 본문, 글
15 _____ ~을 집다

DAY 06

DAY 07

>> **open a textbook to page 70** 교재의 70페이지를 펴다

121 open [óupən]

형 열린 동 열다 반 close

A cat came through the **open** window.
고양이 한 마리가 그 열린 창문을 통해 들어왔다.

open a door 문을 열다

122 textbook [tékstbùk]

명 교과서

The students will use a new history **textbook** this year.
그 학생들은 올해 새 역사 교과서를 사용할 것이다.

123 page [peidʒ]

명 페이지, 쪽

This book has 100 **pages**. 이 책은 100페이지로 되어 있다.

>> **pour tea into each cup** 각각의 컵에 차를 따르다

124 pour [pɔːr]

동 1 따르다[붓다] 2 (비가) 퍼붓다

He **poured** some milk for me. 그는 나를 위해 약간의 우유를 따라주었다.
It's **pouring** outside. 밖에 비가 퍼붓고 있다.

125 tea [tiː]

명 (음료의) 차; 홍차

Would you like **tea** or coffee? 차로 드릴까요, 커피로 드릴까요?
green **tea** 녹차

126 into [íntu]

전 1 ~ 안[속]으로 2 |상태·형태의 변화| ~로

He came **into** the room. 그는 방 안으로 들어갔다.
The ice turned **into** water. 그 얼음이 물로 변했다.

Plus+ · turn into ~로 바뀌다[되다, 변하다]

127 each [iːtʃ]

형 각자의, 각각의 대 각자, 각각

She has a cookie in **each** hand. 그녀는 양손에 쿠키를 가지고 있다.
Each of them costs $20. 그것들은 각각 20달러이다.

›› hope to meet you again soon 곧 당신을 다시 만나길 바라다

128 hope [houp]
동 희망하다, 바라다 명 희망, 바람
He is **hoping** to win the gold medal. 그는 금메달을 따길 바라고 있다.
Don't lose **hope**. 희망을 잃지 마라.

129 meet [miːt]
동 (met-met) 만나다
Let's **meet** after school. 방과 후에 만나자.

130 again [əgén]
부 다시, 또
I didn't hear. Can you say that **again**, please?
나는 못 들었어요. 다시 말해줄 수 있나요?

131 soon [suːn]
부 곧, 머지않아
Dinner will be ready **soon**. 저녁 식사는 곧 준비될 것이다.

›› work in a(n) office/factory 사무실에서/공장에서 일하다

132 work [wəːrk]
동 1 일하다; 노력하다 2 작동되다 명 일, 업무
Where do you **work**? 당신은 어디에서 일하나요?
The phone isn't **working**. 전화가 작동이 안 된다.
hard **work** 힘든 일[노고]

133 worker [wə́ːrkər]
명 일을 하는 사람; 노동자
She is a hard **worker**.
그녀는 일을 열심히 하는 사람이다.
steel **workers** 철강 노동자들

> **Word Link**
> work 뒤에 '-er(~하는 사람)'을 붙이면, '일하는 사람', '노동자'를 뜻하는 worker가 돼요.

134 office [ɔ́ːfis]
명 사무실
I have an **office** job. 제 일은 사무직입니다.

135 factory [fǽktəri]
명 공장
That **factory** makes shoes. 저 공장은 신발을 만든다.

DAY 07 • 035

주제: 세계 여행

136 pack [pæk]
동 1 (짐을) 싸다 2 포장하다
He **packed** his backpack. 그는 자신의 배낭을 쌌다.
pack the gifts in a box 선물들을 박스에 넣어 포장하다

137 compass [kʌ́mpəs]
명 나침반
We used a **compass** to find our way.
우리는 길을 찾기 위해 나침반을 사용했다.

138 traveler [trǽvələr]
명 여행자
The **traveler** was tired after the long trip. 그 여행자는 긴 여행 후 지쳤다.
travel 동 여행하다[다니다] 명 여행

139 ready [rédi]
형 준비가 된
Are you **ready** to go? 갈 준비 되었나요?

140 around the world
전 세계로, 세계 곳곳에
I am going to travel **around the world**. 나는 세계 여행을 할 것이다.

Word Link — Nouns with the *-er* Ending

action
work

→

person
work**er**

- Change the verbs into types of people.

1 read ⟶ _____

2 listen ⟶ _____

Answers 1 reader 2 listener

DAILY TEST

정답 p.149

[01~10] 영어는 우리말로, 우리말은 영어로 쓰세요.

01 work _____
02 hope _____
03 pour _____
04 open _____
05 textbook _____

06 사무실 _____
07 다시, 또 _____
08 만나다 _____
09 공장 _____
10 일을 하는 사람; 노동자 _____

[11~16] 다음 빈칸에 알맞은 말을 골라 쓰세요.

> into   each   pages   soon   worker   tea

11 Would you like _____ or coffee?
12 She has a cookie in _____ hand.
13 This book has 100 _____.
14 She is a hard _____.
15 Dinner will be ready _____.
16 He came _____ the room.

세계 여행

[17~21] 다음 빈칸에 알맞은 말을 넣어 단어맵을 완성하세요.

17 _____ 나침반
18 _____ (짐을) 싸다
19 _____ 준비가 된
20 _____ 여행자
21 _____ the _____ 전 세계로, 세계 곳곳에

DAY 07 • 037

DAY 08

>> **make** a **wish list** 소원 목록을 작성하다

141 make [meik]
동 (made-made) 1 만들다 2 ~하게 하다
I **made** a table and chairs. 나는 탁자와 의자를 만들었다.
The news **made** him sad. 그 소식은 그를 슬프게 했다.

142 wish [wiʃ]
동 바라다, 원하다 유 want 명 소원
I **wish** to see you again. 당신을 다시 볼 수 있길 바랍니다.
make a **wish** 소원을 빌다

143 list [list]
명 명단, 목록
Is your name on the **list**? 당신의 이름이 그 명단에 있나요?
a shopping **list** 쇼핑 목록

>> **win** the **award** for **Best Actor** 남우주연상을 타다

144 win [win]
동 (won-won) 1 이기다 반 lose 2 따다, 획득하다
We **won** the game. 우리가 그 경기를 이겼다.
win a medal 메달을 따다
winner 명 우승자, 승자

145 award [əwɔ́ːrd]
명 상 유 prize 동 (상 등을) 수여하다, 주다
The writer won an **award** for the book. 작가는 그 책으로 상을 받았다.
award a gold medal 금메달을 수여하다

146 best [best]
형 가장 좋은, 최고의 반 worst
You are my **best** friend. 넌 나의 가장 좋은 친구야.
the **best** movie 최고의 영화

147 actor [ǽktər]
명 배우
I want to be a famous **actor**. 나는 유명한 배우가 되고 싶다.
참고 actress 여배우

›› talk/laugh so loudly 아주 크게 말하다/웃다

148 talk [tɔːk]
동 말하다, 이야기하다 ⓤ speak
Stop **talking** and listen! 이야기 그만하고 들어!

149 laugh [læf]
동 (소리 내어) 웃다 명 웃음
What are you **laughing** about? 뭐 때문에 웃고 있어?
have a **laugh** 웃다
laughter 명 웃음, 웃기

150 so [souː]
부 1 매우, 아주 2 그렇게 접 그래서
I don't think **so**. 난 그렇게 생각하지 않아.
He was sick, **so** he went to bed early. 그는 아파서 일찍 자러 갔다.

151 loudly [láudli]
부 큰 소리로, 시끄럽게 ⓐ quietly
The boy began to cry **loudly**. 그 소년은 큰 소리로 울기 시작했다.
loud 형 큰 소리의, 시끄러운

›› how to spell a name 이름의 철자를 어떻게 쓰는지

152 how [hau]
부 1 |방법| 어떻게 2 |상태| 어떠하여 3 |양·정도| 얼마나
How is cheese made? 치즈는 어떻게 만들어지나요?
How are you feeling? 기분이 어떠세요?
How often do you exercise? 얼마나 자주 운동하세요?

153 spell [spel]
동 철자를 말하다
Can you **spell** "happy"? "happy"의 철자를 말할 수 있나요?

154 name [neim]
명 이름, 성명 동 이름을 지어주다
Can I have your **name**? 성함이 어떻게 되시죠?
They **named** their son Andy. 그들은 아들 이름을 앤디라고 지었다.

155 nickname [níknèim]
명 별명
Her **nickname** is "The Ice Queen."
그녀의 별명은 "얼음 여왕"이다.

Word Link
외모나 성격 따위의 특징을 바탕으로 남들이 지어 부르는 이름을 '별명'이라 해요.

주제: 사물묘사

156 rectangle [réktæŋgl]
명 직사각형
The box is a **rectangle**. 그 상자는 직사각형이다.

157 size [saiz]
명 1 크기, 규모 2 (옷·신발 등의) 치수, 사이즈
The bug is the **size** of a dime. 그 벌레는 10센트 동전 크기다.
What is your shoe **size**? 신발 사이즈가 어떻게 되세요?

158 low [lou]
형 1 (높이가) 낮은 ↔ high 2 (양·정도가) 낮은[적은] ↔ high
부 낮게 ↔ high
The wall is **low** – about a meter high. 그 담은 낮은데, 높이가 1미터 정도다.
at a **low** cost 적은 비용으로

159 flat [flæt]
형 평평한
The house has a **flat** roof. 그 집은 지붕이 평평하다.

160 be made of
~로 만들어지다, ~로 구성되다
The table **is made of** wood. 그 탁자는 나무로 만들어졌다.

Word Link — Name and Nickname

 name

nickname

- Read and complete the sentences.

  1 New York City's _____ is "The Big Apple."

  2 The boy's _____ is Peter.

Answers 1 nickname 2 name

DAILY TEST

정답 p.149

[01~09] 다음 우리말과 같은 뜻이 되도록 빈칸에 알맞은 단어를 쓰세요.

01 유명한 배우   a famous _____
02 소원을 빌다   make a _____
03 금메달을 수여하다   _____ a gold medal
04 탁자를 만들다   _____ a table
05 웃다   have a _____
06 쇼핑 목록   a shopping _____
07 얼마나 자주   _____ often
08 적은 비용으로   at a _____ cost
09 나무로 만들어지다   be _____ of wood

[10~12] 다음 밑줄 친 부분의 반의어를 골라 연결하세요.

10 We <u>won</u> the game.   •   • ⓐ quietly
11 You are my <u>best</u> friend. •   • ⓑ lost
12 The boy began to cry <u>loudly</u>. •   • ⓒ worst

사물묘사
[13~17] 다음 빈칸에 알맞은 말을 넣어 단어맵을 완성하세요.

13 _____ 평평한
14 _____ (높이가) 낮은
15 _____ 크기, 규모
16 _____ 직사각형
17 be _____ ~로 만들어지다, ~로 구성되다

DAY 09

>> make **bubbles** with **soap** 비누로 거품을 만들다

161 bubble [bʌ́bl]
명 거품; 비눗방울
She takes a **bubble** bath every evening.
그녀는 매일 저녁 거품 목욕을 한다.
Children like to blow **bubbles**. 아이들은 비눗방울을 부는 것을 좋아한다.

162 soap [soup]
명 비누
Wash your hands with **soap**. 비누로 손을 씻어라.

163 powder [páudər]
명 가루, 분말
The snow was like **powder**.
그 눈은 분말 같았다.

Word Link
가루로 된 비누는 영어로 soap powder이라고 해요.

>> **bring** your **own dictionary** to **class** 수업에 자신의 사전을 가져오다

164 bring [briŋ]
동 (brought-brought) 가져오다, 데려오다
Did you **bring** an umbrella? 당신은 우산을 가져왔나요?
bring your friend to a party 친구를 파티에 데려오다

165 own [oun]
형 자기 자신의 동 소유하다
I want to have my **own** room. 나는 나만의 방을 갖고 싶다.
own a house 집을 소유하다
owner 명 소유자, 주인

166 dictionary [díkʃənèri]
명 사전
I can't find this word in the **dictionary**.
나는 이 단어를 사전에서 찾을 수가 없다.

167 class [klæs]
명 1 학급, 반 2 수업 ⊕ course
We are in the same **class**. 우리는 같은 반이다.
I have a math **class** at 9 o'clock. 나는 9시에 수학 수업이 있다.

» know the correct answer to this question 이 문제의 정답을 알다

168 know [nou]
동 (knew-known) 알다, 알고 있다
Do you **know** that boy? 너는 저 소년을 아니?

169 correct [kərékt]
형 정확한, 옳은 (유) right (반) wrong 동 수정하다[고치다]
The student gave the **correct** answer. 그 학생은 정답을 맞혔다.
correct wrong answers 틀린 답을 고치다

170 answer [ǽnsər]
동 대답하다 명 대답, 답
She **answered**, but he didn't hear her.
그녀는 대답했지만, 그는 그녀의 말을 듣지 못했다.
Write your **answer**. 답을 쓰세요.

171 question [kwéstʃən]
명 1 질문 2 문제
Mr. Jones, I have a **question** for you. 존스 씨, 질문이 있습니다.
an open **question** 미결 문제

» a drawing of a beautiful young woman 아름다운 젊은 여성(을 그린) 그림

172 drawing [drɔ́:iŋ]
명 (연필 등으로 그린) 그림
Look at the **drawings** on the wall. 벽에 그려진 그림들을 봐.
draw 동 (마차 등을) 끌다; 그리다

173 beautiful [bjú:təfəl]
형 아름다운 (유) pretty
These flowers are **beautiful**. 이 꽃들은 아름답다.
beautifully 부 아름답게 beauty 명 아름다움, 미(美); 미인

174 young [jʌŋ]
형 어린, 젊은 (반) old
His dad died when he was **young**. 그의 아빠는 그가 어렸을 때 돌아가셨다.
young people 젊은이들

175 woman [wúmən]
명 (복수형 women) (성인) 여자, 여성
men, **women**, and children 남녀노소
참고 man (성인) 남자, 남성; 사람, 인간

주제: 축제와 행사

176 festival [féstəvəl]
명 축제
We will go to the spring flower **festival**. 우리는 봄꽃 축제에 갈 것이다.

177 firework [fáiərwɜ̀ːrk]
명 (-s) 불꽃놀이
The **fireworks** start soon. 곧 불꽃놀이가 시작된다.

178 amazing [əméiziŋ]
형 놀라운, 굉장한
Superman has **amazing** powers. 슈퍼맨은 굉장한 힘을 갖고 있다.

179 march [maːrtʃ]
동 행진[행군]하다 명 행진, 행군
The band **marched** in the parade. 그 악단은 퍼레이드에서 행진했다.
a street **march** 거리 행진

180 take place
(행사가) 열리다, (사건이) 일어나다 = happen
The biggest festival **takes place** in July. 가장 큰 축제가 7월에 열린다.
When did the accident **take place**? 그 사고는 언제 일어났나요?

Word Link — Compound Words

soap + powder = soap powder

- Circle the compound word in each sentence.
  1. When I smell baby powder, I feel good.
  2. I don't have any hand soap here.

Answers 1 baby powder 2 hand soap

DAILY TEST

정답 p.149

[01~08] 다음 우리말과 같은 뜻이 되도록 빈칸에 알맞은 단어를 쓰세요.

01 틀린 답을 고치다   _____ wrong answers
02 질문이 있다   have a _____
03 비누로 손을 씻다   wash your hands with _____
04 우산을 가져오다   _____ an umbrella
05 집을 소유하다   _____ a house
06 비눗방울을 불다   blow _____
07 수학 수업이 있다   have a math _____
08 남녀노소   men, _____, and children

[09~12] 다음 밑줄 친 부분의 품사를 고르고 뜻을 쓰세요.

09 The band <u>marched</u> in the parade.   (명 / 동)   뜻: _____
10 I want to have my <u>own</u> room.   (형 / 동)   뜻: _____
11 Write your <u>answer</u>.   (명 / 동)   뜻: _____
12 The student gave the <u>correct</u> answer. (형 / 동)   뜻: _____

축제와 행사

[13~17] 다음 빈칸에 알맞은 말을 넣어 단어맵을 완성하세요.

13 _____ 불꽃놀이
14 _____ 축제
15 _____ 행진하다; 행진
16 _____ 놀라운, 굉장한
17 _____ (행사가) 열리다, (사건이) 일어나다

DAY 10

>> **not possible to complete the puzzle** 퍼즐을 완성하는 것이 불가능한

181 **possible**
[pásəbl]

형 가능한 반 impossible

Is it **possible** to get tickets for the game?
그 경기의 표를 구하는 것이 가능한가요?

182 **complete**
[kəmplí:t]

형 빠진 것이 없는, 완전한 동 완료하다 유 finish

The list below is not **complete**. 아래 목록은 완전하지 않다.
He **completed** the test in one hour. 그는 1시간 안에 그 시험을 완료했다.

183 **puzzle**
[pʌ́zl]

명 1 퍼즐 2 수수께끼[미스터리]

Do you like crossword **puzzles**? 너는 글자 맞추기 퍼즐을 좋아하니?
Their son is a **puzzle** to them. 그들의 아들은 그들에게 수수께끼이다.

>> **teach a history course** 역사 강의를 하다

184 **teach**
[ti:tʃ]

동 (taught-taught) 가르치다

She **teaches** math at a middle school.
그녀는 중학교에서 수학을 가르친다.

teacher 명 교사, 선생님

185 **course**
[kɔ:rs]

명 1 강의, 강좌 유 class 2 (배·비행기의) 항로

I am taking a writing **course**. 나는 작문 강의를 듣고 있다.
The ship changed its **course**. 그 배는 항로를 바꾸었다.

186 **history**
[hístəri]

명 역사

a book about the **history** of World War II
2차 세계대전의 역사에 관한 책

187 **subject**
[sʌ́bdʒikt]

명 1 주제 유 topic 2 과목

The **subject** of the book is love.
그 책의 주제는 사랑이다.
My favorite **subject** is math. 내가 가장 좋아하는 과목은 수학이다.

Word Link
역사, 수학 등 학교에서 배우는 교과목을 일컬어 영어로 subject 라고 해요.

who is the owner of this pet/house 이 애완동물의/집의 주인은 누구인가

188 who [huː]
대 |의문문| 누구
Who is that woman? 저 여자는 누구인가요?

189 owner [óunər]
명 소유자, 주인
Are you the **owner** of this car? 당신이 이 차의 소유주인가요?
a dog **owner** 개 주인
own 형 자기 자신의 동 소유하다

190 pet [pet]
명 애완동물
Do you have any **pets**? 당신은 애완동물을 키우나요?
a **pet** shop/dog 애완동물 가게/애완견

191 house [haus]
명 집, 주택
They live in a big **house** with a pool. 그들은 수영장이 있는 큰 집에 산다.
참고 home 집, 가정

carry a heavy/large backpack 무거운/큰 배낭을 가지고 다니다

192 carry [kǽri]
동 1 나르다, 운반하다 2 가지고 다니다
I **carried** the box into the room. 나는 그 상자를 방으로 날랐다.
carry an umbrella 우산을 가지고 다니다

193 heavy [hévi]
형 1 무거운 (반 light) 2 (양·정도가) 많은, 심한 (반 light)
The box is very **heavy**. 그 상자는 매우 무겁다.
heavy rain 많은 비[호우]
heavily 부 (양·정도가) 심하게[아주 많이]

194 large [laːrdʒ]
형 1 큰, 넓은 (반 small) 2 많은
This bathroom is very **large**. 이 욕실은 매우 크다.
a **large** number of people 많은 수의 사람들

195 backpack [bǽkpæ̀k]
명 배낭
The boy is wearing a **backpack**. 그 소년은 배낭을 메고 있다.

주제: 인물묘사

196 lovely [lʌ́vli]
형 사랑스러운, 예쁜
You look **lovely** in that dress. 그 드레스를 입은 너는 사랑스러워 보여.

197 handsome [hǽnsəm]
형 잘생긴
He is a **handsome** man. 그는 잘생긴 남자이다.

198 weak [wiːk]
형 약한, 힘이 없는 반 strong
I have **weak** eyes. 나는 시력이 약하다.
My grandmother is still **weak** after her illness.
우리 할머니는 아픈 후로 아직도 몸에 힘이 없다.

199 slow [slou]
형 느린, 더딘 반 fast, quick
You are so **slow**. Come on, hurry up! 넌 정말 느리구나. 자, 서둘러!
slowly 부 느리게, 천천히

200 come from
~출신이다, ~에서 오다
The man **comes from** India. 그 남자는 인도 출신이다.

Word Link — Names of School Subjects

subject

history

math

- Read and complete the sentences.

  1 What is your favorite _____?

  2 He studied the _____ of the Korean War.

Answers 1 subject 2 history

DAILY TEST

[01~09] 다음 우리말과 같은 뜻이 되도록 빈칸에 알맞은 단어를 쓰세요.

01 많은 비[호우]   _____ rain
02 가방을 메다   wear a _____
03 잘생긴 남자   a _____ man
04 수영장이 있는 큰 집   a big _____ with a pool
05 그 상자를 나르다   _____ the box
06 이 차의 주인   the _____ of this car
07 많은 수의 사람들   a _____ number of people
08 수학을 가르치다   _____ math
09 2차 세계대전의 역사   the _____ of World War II

[10~12] 다음 밑줄 친 부분과 바꿔 쓸 수 있는 알맞은 표현을 골라 연결하세요.

10 The subject of the book is love.   ⓐ class
11 He completed the test in one hour.   ⓑ topic
12 I am taking a writing course.   ⓒ finished

인물묘사

[13~17] 다음 빈칸에 알맞은 말을 넣어 단어맵을 완성하세요.

13 _____ 약한, 힘이 없는
14 _____ 사랑스러운, 예쁜
15 _____ 느린, 더딘
16 _____ 잘생긴

17 _____ ~출신이다, ~에서 오다

REVIEW TEST DAY 06~10

A 덩어리 표현 | 우리말에 맞게 빈칸을 채워 핵심 표현을 완성하세요.

01 _____ _____ in the snow 눈길에 조심스럽게 운전하다

02 _____ a picture in _____ colors 짙은 색으로 그림을 그리다

03 _____ in line at a _____ theater 영화관에서 줄 서서 기다리다

04 _____ for a pair of _____ 신발 한 켤레를 사다

05 open a _____ to _____ 70 교재의 70페이지를 펴다

06 pour _____ into _____ cup 각각의 컵에 차를 따르다

07 _____ to meet you again _____ 곧 당신을 다시 만나길 바라다

08 _____ in an _____ 사무실에서 일하다

09 make a _____ _____ 소원 목록을 작성하다

10 _____ the _____ for Best Actor 남우주연상을 타다

11 _____ loudly 아주 크게 웃다

12 _____ to spell a _____ 이름의 철자를 어떻게 쓰는지

13 make _____ with _____ 비누로 거품을 만들다

14 bring your own _____ to _____ 수업에 자신의 사전을 가져오다

15 _____ the correct answer to this _____ 이 문제의 정답을 알다

16 a drawing of a _____ young _____ 아름다운 젊은 여성(을 그린) 그림

17 not possible to _____ the _____ 퍼즐을 완성하는 것이 불가능한

18 teach a _____ _____ 역사 강의를 하다

19 who is the _____ of this _____ 이 집의 주인은 누구인가

20 carry a _____ _____ 무거운 배낭을 가지고 다니다

B 주제별 어휘 — 우리말에 맞게 빈칸을 채워 문장을 완성하세요.

책과 서점

01 I bought a book at a _____.
나는 서점에서 책을 한 권 샀다.

02 His death is still a _____.
그의 죽음은 여전히 미스터리다.

세계 여행

03 We used a _____ to find our way.
우리는 길을 찾기 위해 나침반을 사용했다.

04 The _____ was tired after the long trip.
그 여행자는 긴 여행 후 지쳤다.

사물묘사

05 The box is a _____.
그 상자는 직사각형이다.

06 The bug is the _____ of a dime.
그 벌레는 10센트 동전 크기다.

축제와 행사

07 We will go to the spring flower _____.
우리는 봄꽃 축제에 갈 것이다.

08 Superman has _____ powers.
슈퍼맨은 굉장한 힘을 갖고 있다.

인물묘사

09 You look _____ in that dress.
그 드레스를 입은 너는 사랑스러워 보여.

10 You are so _____. Come on, hurry up!
넌 정말 느리구나. 자, 서둘러!

C Word Link — 다음 문맥에 알맞은 표현을 고르세요.

01 What is your favorite (subject / history)?

02 The word "soap powder" (is / is not) a compound word.

03 New York City's (name / nickname) is "The Big Apple."

04 The word ("work" / "worker") means one who works.

05 She is wearing a pair of (jacket / sunglasses).

DAY 01~10 CUMULATIVE TEST

정답 p.150

[01~30] 다음 단어의 뜻을 쓰세요.

01 kitchen
02 glad
03 knock
04 ride
05 pond
06 weather
07 hear
08 loud
09 heart
10 age
11 cloudy
12 farmer
13 call
14 bath
15 join
16 carefully
17 wait
18 theater
19 textbook
20 soon
21 factory
22 wish
23 award
24 spell
25 bubble
26 dictionary
27 firework
28 subject
29 owner
30 weak

[31~40] 다음 뜻을 가진 단어를 쓰세요.

31 (장식용) 병, 꽃병
32 화창한, 맑은
33 머리(카락); 털
34 헛간; 외양간
35 (빵 따위를) 굽다
36 어두운; 짙은
37 곧, 머지않아
38 따뜻한
39 질문; 문제
40 가르치다

[41~45] 다음 숙어의 뜻을 쓰세요.

41 here and there
42 such as
43 pick up
44 be made of
45 take place

Vocabulary for Comprehension

The Dead Body in the Kitchen

추리 극장 1

A man **comes into** his house and **hears** his wife shout **loudly**, "No John! Don't!" Then bang-bang! He can hear something fall down. When he enters the kitchen, he finds his wife and the gun on the floor. There's a police officer, a doctor, and a **chef** in the kitchen. Who killed his wife, and how did he know?

★ Think about it. Then watch the video and check your answer.

1. What is another word for **come into**?
   a. to enter   b. to own   c. to call   d. to clean

2. What does the word **hear** mean?
   a. to wish   b. to wait for   c. to listen to   d. to join

3. What is the opposite of **loudly**?
   a. completely   b. quietly   c. carefully   d. quickly

4. What is another word for **chef**?
   a. farmer   b. baker   c. traveler   d. cook

부엌에 있는 시체 한 남자가 집으로 들어가서 아내가 큰소리로 외치는 소리를 듣는다. "안돼 존! 하지마!" 그러고는 '탕-탕.' 그는 무언가 떨어지는 소리를 들을 수 있다. 그가 부엌에 들어갔을 때, 그는 그의 아내와 총이 바닥에 있는 것을 발견한다. 부엌에는 경찰관, 의사, 요리사가 있다. 그의 아내를 죽인 사람은 누구이며, 그는 어떻게 알았을까?

Answers 1a 2c 3b 4d

DAY 11

>> **easy/safe** to **use** 사용하기 쉬운/안전한

201 **easy** [íːzi]
형 쉬운 반 difficult, hard
The exam was very **easy**. 그 시험은 매우 쉬웠다.
easily 부 쉽게, 수월하게

202 **safe** [seif]
형 안전한 반 dangerous
The rabbit found a **safe** place in the forest.
그 토끼는 숲에서 안전한 장소를 찾았다.
safety 명 안전   **safely** 부 안전하게, 무사히

203 **use** [juːz]
동 쓰다, 사용하다   명 [juːs] 사용
Can I **use** your phone? 네 전화기 좀 써도 될까?
be in/out of **use** 사용되고 있다/있지 않다
useful 형 쓸모 있는, 유용한

>> **lose** an **expensive purse** 비싼 지갑을 잃어버리다

204 **lose** [luːz]
동 (lost-lost) 1 잃어버리다 2 (시합 등에서) 지다 반 win
He **lost** his house key. 그는 자신의 집 열쇠를 잃어버렸다.
lose a game 경기를 지다
lost 형 길을 잃은; 잃어버린

205 **expensive** [ikspénsiv]
형 비싼 반 cheap
New cars are **expensive**. 신차들은 비싸다.

206 **purse** [pəːrs]
명 |영국| (여성용) 지갑; |미국| 핸드백
Lisa took a coin out of her **purse**. 리사는 지갑에서 동전 하나를 꺼냈다.

207 **wallet** [wɔ́lit]
명 지갑
I have 50 dollars in my **wallet**.
내 지갑에 50달러가 있다.

Word Link
보통 purse는 '여성용 지갑'이나 '핸드백'을, wallet는 '남성용 지갑'을 의미해요.

›› plan a surprise party for a friend 친구를 위해 깜짝 파티를 계획하다

208 plan [plæn]
명 계획 동 계획하다
Do you have any **plans** tonight? 오늘 밤에 어떤 계획이 있나요?
plan to travel 여행할 계획이다

209 surprise [sərpráiz]
명 뜻밖의[놀라운] 일 동 놀라게 하다
I have a **surprise** for you! 네가 깜짝 놀랄 소식이 있어!
The results will **surprise** you. 그 결과는 너를 놀라게 할 것이다.
surprising 형 놀라운   surprised 형 놀란, 놀라는

210 party [páːrti]
명 1 파티[모임] 2 일행, 단체
We are having a **party**. 우리는 파티를 하고 있다.
a table for a **party** of six 6명의 일행이 앉을 수 있는 테이블

211 for [fɔːr]
전 1 ~을 위해 2 ~ 동안
What can I do **for** you? 뭘 도와 드릴까요?
We studied **for** two hours. 우리는 두 시간 동안 공부했다.

212 friend [frend]
명 친구
I want to be **friends** with you. 나는 너와 친구가 되고 싶다.
make **friends** 친구를 사귀다

›› pull the curtain aside 커튼을 한쪽으로 당기다

213 pull [pul]
동 끌다, 잡아당기다 반 push
Don't **pull** my hair. 내 머리카락 잡아당기지 마.

214 curtain [kɔ́ːrtn]
명 (창문) 커튼
It's dark now – let's close the **curtains**. 이제 어둡구나. 커튼을 치자.

215 aside [əsáid]
부 한쪽으로, 옆쪽으로
Stand **aside**, please, and let these people pass.
한쪽으로 서 주세요. 이 사람들이 지나갈 수 있게요.

> 주제 ▶ 야생 지역

216 hunt [hʌnt]
[동] 사냥하다 [명] 사냥
He **hunts** deer in the fall. 그는 가을에 사슴을 사냥한다.
a tiger **hunt** 호랑이 사냥

217 hunter [hʌ́ntər]
[명] 사냥꾼
The **hunter** caught the fox. 그 사냥꾼은 여우를 잡았다.

218 arrow [ǽrou]
[명] 1 화살 2 화살표
He shot a deer with an **arrow**. 그는 화살로 사슴을 쐈다.
Follow the **arrows**. 화살표를 따라 가시오.

219 enemy [énəmi]
[명] 1 적 2 (전쟁에서의) 적국, 적군
How did cats and mice become **enemies**?
어떻게 고양이와 쥐가 적이 되었지?
an **enemy** ship 적국의 함선[적함]

220 watch out (for)
(~을) 조심하다
Watch out for bears in the woods. 숲에서는 곰을 조심해.

Word Link Words with Similar Meanings

 purse

 wallet

• Read and circle the correct word.

1 A (purse / wallet) is usually a small, flat case.

2 I keep my keys and cell phone in my (purse / wallet).

Answers 1 wallet 2 purse

DAILY TEST

정답 p.150

[01~08] 다음 우리말과 같은 뜻이 되도록 빈칸에 알맞은 단어를 쓰세요.

01 커튼을 치다   close the _____
02 두 시간 동안 공부하다   study _____ two hours
03 사용되고 있지 않다   be out of _____
04 6명의 일행이 앉을 수 있는 테이블   a table for a _____ of six
05 경기를 지다   _____ a game
06 한쪽으로 서다   stand _____
07 너와 친구가 되다   be _____ with you
08 호랑이 사냥   a tiger _____

[09~12] 다음 밑줄 친 부분의 반의어를 골라 연결하세요.

09 New cars are expensive.   ⓐ difficult
10 Don't pull my hair.   ⓑ dangerous
11 The exam was very easy.   ⓒ push
12 The rabbit found a safe place in the forest.   ⓓ cheap

야생 지역

[13~17] 다음 빈칸에 알맞은 말을 넣어 단어맵을 완성하세요.

13 _____ 사냥꾼
14 _____ 화살
15 _____ 적; 적군
16 _____ 사냥하다; 사냥
17 _____ (~을) 조심하다

DAY 11

DAY 12

>> **worry too** much about your **future** 미래에 대해 지나치게 걱정하다

221 worry [wə́:ri]
동 걱정하다 명 걱정, 고민거리
Don't **worry** about the cost. 비용에 대해서는 걱정 마.
have many **worries** 고민거리가 많다[걱정이 많다]

222 too [tu:]
부 1 너무 2 ~도, 또한
Today is **too** hot. It's over 38°C. 오늘은 너무 덥다. 38도가 넘었다.
Can I come **too**? 나도 가도 돼?

223 future [fjú:tʃər]
명 미래, 장래 형 미래의, 장래의
I want to be a teacher in the **future**. 나는 장래에 교사가 되고 싶다.
talk about your **future** plans 너의 미래 계획에 관하여 이야기하다
참고 past 과거(의) present 현재(의)

>> **boil some** water in a **pot** 냄비에 물을 조금 끓이다

224 boil [bɔil]
동 끓다; 끓이다
Water **boils** at 100°C. 물은 섭씨 100도에서 끓는다.

225 some [sʌm]
형 약간의, 몇몇의 대 약간, 몇몇
I have **some** money. 나는 약간의 돈이 있다[돈이 조금 있다].
Some of them went by bus. 그들 중 몇몇은 버스로 갔다.

226 any [éni]
형 1 |부정문·의문문| 조금[약간]의
  2 |긍정문| 어느, 어떤
I don't have **any** money.
나는 조금의 돈도 없다[돈이 하나도 없다].
You may sit at **any** table. 어느 테이블이든 앉아도 됩니다.

Word Link
원칙적으로는 의문문이나 부정문에서 any를 쓰고, 긍정문에서는 some을 써요.

227 pot [pat]
명 냄비, 솥
I cooked soup in a large **pot**. 나는 큰 솥에 수프를 요리했다.

›› buy a concert ticket online 온라인으로 콘서트 표를 사다

228 buy [bai]
동 (bought-bought) 사다, 구입하다 반 sell
We **buy** our fruit at the market.
우리는 시장에서 우리의 과일을 산다.

229 concert [kάːnsərt]
명 연주회, 콘서트
Do you want to go to a **concert** with us? 우리와 함께 콘서트에 갈래?

230 ticket [tíkit]
명 표, 입장권
You must show your **ticket** to get into the theater.
극장 안에 들어가려면 표를 보여주어야 한다.

231 online [άːnlain]
형 온라인의 부 온라인으로
Online shopping is cheap. 온라인 쇼핑은 값이 싸다.
talk **online** 온라인으로 이야기하다

›› add all the numbers together 그 모든 숫자를 합하다

232 add [æd]
동 1 추가[첨가]하다 2 더하다, 합하다
Add sugar to your coffee. 네 커피에 설탕을 넣어라.
When you **add** two to three, you get five. 3에 2를 더하면, 5가 된다.

233 all [ɔːl]
형 모든 대 모두
All babies are cute. 모든 아기들은 귀엽다.
All of the eggs got broken. 그 달걀 모두가 깨졌다.

234 number [nʌ́mbər]
명 1 수; 숫자 2 번호
There are a small **number** of people. 소수의 사람들이 있다.
My lucky **number** is seven. 내 행운의 숫자는 7이다.
What is your phone **number**? 전화 번호가 어떻게 되세요?

235 together [təgéðər]
부 같이, 함께
We went to the party **together**. 우리는 같이 그 파티에 갔다.

주제 **스포츠**

236 **race**
[reis]

명 경주, 경기

Let's have a **race**! 경주를 하자!

237 **goal**
[goul]

명 1 골, 득점 2 목표

I scored the first **goal**. 내가 첫 골을 넣었다.

reach a **goal** 목표에 도달하다[목표를 이루다]

238 **champion**
[tʃǽmpiən]

명 챔피언, 우승자

Who is the golf **champion** this year? 올해 골프 챔피언은 누구인가요?

239 **fast**
[fæst]

형 빠른 윤 quick 반 slow 부 빨리 윤 quickly 반 slowly

He is a **fast** runner. 그는 빠른 달리기 선수이다.

drive too **fast** 너무 빨리 운전하다[과속하다]

240 **do one's best**

최선을 다하다

Do your best during every game. 매 게임을 하는 동안 최선을 다해라.

Word Link — Difference between Some and Any

some usually used in positive sentences

any used in questions and negative sentences

- Read and complete the sentences.

  1 He gave me _____ flowers.

  2 Do you have _____ money?

Answers 1 some 2 any

DAILY TEST

정답 p.150

[01~10] 영어는 우리말로, 우리말은 영어로 쓰세요.

01 together _____
02 add _____
03 too _____
04 boil _____
05 any _____

06 수; 숫자; 번호 _____
07 연주회, 콘서트 _____
08 표, 입장권 _____
09 냄비, 솥 _____
10 사다, 구입하다 _____

[11~16] 다음 밑줄 친 부분의 품사를 고르고, 그 뜻을 쓰세요.

11 I want to be a teacher in the <u>future</u>. (명 / 형) 뜻: _____
12 <u>Online</u> shopping is cheap. (형 / 부) 뜻: _____
13 <u>Some</u> of them went by bus. (형 / 대) 뜻: _____
14 Don't <u>worry</u> about the cost. (명 / 동) 뜻: _____
15 He drives too <u>fast</u>. (형 / 부) 뜻: _____
16 <u>All</u> of the eggs got broken. (형 / 대) 뜻: _____

스포츠
[17~21] 다음 빈칸에 알맞은 말을 넣어 단어맵을 완성하세요.

17 _____ 경주, 경기
18 _____ 챔피언, 우승자
19 _____ 골, 득점
20 _____ 빠른; 빨리
21 _____ one's _____ 최선을 다하다

DAY 12 • 061

DAY 13

》 **rest** at **home** in the **evening** 저녁에 집에서 쉬다

241 **rest**
[rest]

명 휴식 동 쉬다, 휴식하다
Try to get some **rest**. 좀 쉬도록 해.
I **rested** on the sofa. 나는 그 소파에서 휴식을 취했다.

242 **home**
[houm]

명 집, 가정 부 집에, 집으로
He works at **home**. 그는 집에서 일한다[재택근무 한다].
It's time to go **home**. 집에 갈 시간이야.
참고 **house** 집, 주택

243 **evening**
[íːvniŋ]

명 저녁(일몰부터 잘 때까지)
I'll see you tomorrow **evening**. 내일 저녁에 봐.
참고 **morning** 아침, 오전 **afternoon** 오후

》 **oil** and **water** don't **mix well** 기름과 물은 잘 섞이지 않는다

244 **oil**
[ɔil]

명 1 (요리용) 기름 2 (연료용) 기름[석유]
Olive **oil** is used for cooking. 올리브유는 요리에 사용된다.
the price of **oil** 석유 가격[유가]

245 **water**
[wɔ́ːtər]

명 물 동 물을 주다
Drink some **water**. 물을 좀 마셔라.
The man **watered** the flowers. 그 남자는 꽃에 물을 주었다.

246 **mix**
[miks]

동 섞이다, 섞다 ⊕ blend
If you **mix** blue and yellow, you get green.
파랑과 노랑을 섞으면, 녹색이 나온다.

247 **well**
[wel]

부 잘, 훌륭하게 형 건강한 ⊕ healthy
He cooks very **well**. 그는 요리를 매우 잘한다.
I don't feel **well** today. 나는 오늘 몸이 안 좋다.

» a few minutes ago 몇 분 전에

248 few [fjuː]
형 1 (수가) 많지 않은, 거의 없는 2 (a ~) 몇몇의, 조금의
Few people know that. 그것을 아는 사람들은 거의 없다.
참고 **a little** 약간의, 조금의

249 minute [mínit]
명 1 (시간 단위의) 분 2 잠깐
Boil the soup for five **minutes**. 5분간 수프를 끓여라.
Wait a **minute**. 잠깐만 기다려.
참고 **second** 초   **hour** 한 시간; 시각, 시

250 year [jiər]
명 1 해[년/연] 2 나이
I will learn Chinese this **year**.
나는 올해 중국어를 배울 것이다.
He is 12 **years** old. 그는 12살이다.

Word Link
초/분/시보다 더 큰 시간 단위로
「일(day)–월(month)–년(year)」
이 있어요.

251 ago [əgóu]
부 (얼마의 시간) 전에
I saw him two days **ago**. 나는 이틀 전에 그를 봤다.

» build a bridge across a river 강을 가로지르는 다리를 짓다

252 build [bild]
동 (built-built) 짓다, 세우다
They are **building** a new house. 그들은 새 집을 짓고 있다.
building 명 건물, 빌딩

253 bridge [bridʒ]
명 다리
It takes an hour to cross the **bridge** on foot.
걸어서 다리를 건너는 데 1시간이 걸린다.

254 across [əkrɔ́ːs]
전 1 ~을 가로질러 2 ~ 맞은[건너]편에
He is walking **across** the grass. 그는 풀밭을 가로질러 걷고 있다.
We live **across** the street. 우리는 길 건너편에 산다.

255 river [rívər]
명 강
Can I swim in the **river**? 그 강에서 수영해도 되나요?

DAY 13 • 063

주제: 집안일

256 housework [háuswə̀ːrk]
명 가사, 집안일
I don't like doing **housework**. 나는 집안일 하는 것을 좋아하지 않는다.

257 garbage [gáːrbidʒ]
명 쓰레기 유 trash
There is a lot of **garbage** in the garden.
정원에 많은 쓰레기가 있다.

258 lawn [lɔːn]
명 잔디밭
The man is watering the **lawn**. 남자가 잔디밭에 물을 주고 있다.

259 toilet [tɔ́ilit]
명 1 변기 2 화장실
The **toilet** is broken again! 변기가 또 고장 났어요!
Who's using the **toilet**? 누가 화장실을 쓰고 있나요?
참고 영국에서는 화장실을 toilet, 미국에서는 bathroom으로 표현함

260 do the dishes
설거지를 하다
I'll do the **dishes** after dinner. 저녁 식사 후에 내가 설거지를 할게.

Word Link — Time and Date

 minute

 year

- Read and complete the sentences.

  1 I saw the movie two _____s ago.

  2 Boil the soup for five _____s.

Answers 1 year 2 minute

DAILY TEST

정답 p.150

[01~05] 다음 주어진 철자의 순서를 바로잡은 후 알맞은 의미와 연결하세요.

01 tinume → _____   •   • ⓐ 휴식; 쉬다, 휴식하다
02 ludib   → _____   •   • ⓑ (시간 단위의) 분; 잠깐
03 sert   → _____   •   • ⓒ 강
04 aery   → _____   •   • ⓓ 짓다, 세우다
05 virer   → _____   •   • ⓔ 해[년/연]; 나이

[06~10] 다음 빈칸에 알맞은 말을 골라 쓰세요.

| watered | few | bridge | across | mix |

06 We live _____ the street.
07 It takes an hour to cross the _____ on foot.
08 If you _____ blue and yellow, you get green.
09 The man _____ the flowers.
10 _____ people know that.

집안일

[11~15] 다음 빈칸에 알맞은 말을 넣어 단어맵을 완성하세요.

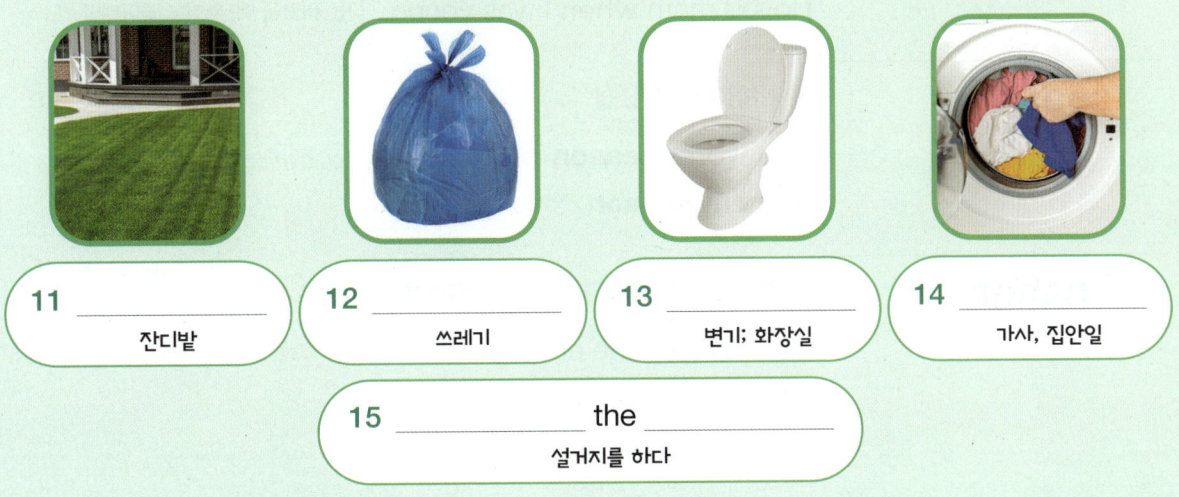

11 _____ 잔디밭
12 _____ 쓰레기
13 _____ 변기; 화장실
14 _____ 가사, 집안일
15 _____ the _____ 설거지를 하다

DAY 13 • 065

DAY 14

>> **wear** a **mask/uniform** 마스크를 쓰다/유니폼을 입다

261 **wear**
[wɛər]

동 (wore-worn) 입고[쓰고/끼고/신고] 있다

The man is **wearing** a blue shirt. 그 남자는 파란색 셔츠를 입고 있다.
Do you like to **wear** rings? 너는 반지 끼는 것을 좋아하니?

262 **mask**
[mæsk]

명 1 (보호용) 마스크 2 가면[탈]

Firefighters use special **masks**. 소방관들은 특별한 마스크를 사용한다.
a scary **mask** 무서운 가면[탈]

263 **uniform**
[júːnəfɔ̀ːrm]

명 제복, 유니폼

Does your school have **uniforms**? 너희 학교는 교복이 있니?

>> **get** a **cold when** the **seasons change** 계절이 바뀔 때 감기에 걸리다

264 **cold**
[kould]

형 추운, 차가운 반 hot 명 감기

January is a **cold** month. 1월은 추운 달이다.
get[catch] a **cold** 감기에 걸리다

265 **when**
[wen]

부 |의문문| 언제 접 ~할 때

When is your birthday? 당신의 생일은 언제인가요?
I loved math **when** I was young. 나는 어렸을 때, 수학을 좋아했다.

266 **season**
[síːzn]

명 1 계절 2 시기, 철

My favorite **season** is winter. 내가 가장 좋아하는 계절은 겨울이다.
the rainy **season** 장마철

267 **change**
[tʃeindʒ]

동 변하다; 바꾸다 명 1 변화 2 거스름돈, 잔돈

He **changed** the ending of the story. 그는 그 이야기의 결말을 바꾸었다.
a **change** in the weather 날씨의 변화
Keep the **change**. 거스름돈은 가지세요.

≫ **decide** to **start** a **diet** 다이어트를 하기로 결심하다

268 decide
[disáid]

동 결정하다, 결심하다

He **decided** to leave home. 그는 집을 떠나기로 결심했다.

decision 명 결정, 결심

---

269 start
[stɑːrt]

동 1 시작하다 ㈜ begin 2 출발하다

The movie **starts** at seven. 그 영화는 7시에 시작한다.

Let's **start** early tomorrow morning. 내일 아침 일찍 출발하자.

---

270 diet
[dáiət]

명 1 (일상적인) 식사[음식] 2 다이어트, 식이요법

You should eat a healthy **diet**. 너는 건강에 좋은 식사를 해야 한다.

go on a **diet** 다이어트를 하다

---

271 weight
[weit]

명 무게, 체중

Her **weight** is 48 kilograms.
그녀의 체중은 48킬로그램이다.

weigh 동 무게가 ~이다; 무게를 달다

> **Word Link**
> 다이어트의 핵심은 체중 감량으로, '살을 빼다'는 영어로 lose weight라고 표현해요.

≫ no **man** can **live without food** 먹을 것이 없으면 아무도 살 수 없다

272 man
[mæn]

동 (복수형 men) 1 (성인) 남자, 남성 2 사람, 인간

She met a **man** at work and married him.
그녀는 직장에서 한 남자를 만나 그와 결혼했다.

Man cannot live by bread alone. 사람은 빵만으로는 살 수 없다.

---

273 live
[liv]

동 1 (장소에) 살다 2 생존하다 ㈜ die   형 [laiv] 살아있는 ㈜ dead

Where do you **live**? 어디 사세요?

live animals 살아있는 동물들

---

274 without
[wiðáut]

전 ~ 없이

Can you see **without** your glasses? 넌 안경 없이 볼 수 있어?

---

275 food
[fuːd]

명 식량, 음식

I bought some cat **food**. 나는 고양이 사료를 좀 샀다.

주제 ▶ 텔레비전

276 program [próugræm]
명 (TV 등의) 프로그램
He is watching a cooking **program**. 그는 요리 프로그램을 보고 있다.

277 channel [tʃǽnl]
명 (TV·라디오의) 채널
I changed the **channel** to watch the soccer game.
나는 축구 경기를 보기 위해 채널을 돌렸다.

278 comedy [kámədi]
명 코미디, 희극
I like **comedy** movies. 난 코미디 영화를 좋아한다.

279 animation [ænəméiʃən]
명 만화 영화, 애니메이션
Japanese **animation** is popular around the world.
일본 애니메이션은 전 세계적으로 인기가 있다.

280 turn on/off
~을 켜다/끄다
Can I **turn on** the TV? TV 켜도 되나요?
Turn the light **off**, please. 불을 좀 꺼주세요.

Word Link — Expressions for Health

 diet

 weight

- Read and complete the sentences.

  1 How did she lose _____ so quickly?

  2 I decided to go on a _____.

Answers 1 weight 2 diet

DAILY TEST

정답 p.150

[01~08] 다음 우리말과 같은 뜻이 되도록 빈칸에 알맞은 단어를 쓰세요.

01 건강에 좋은 식사   a healthy _____
02 반지를 끼다   _____ rings
03 장마철   the rainy _____
04 떠나기로 결심하다   _____ to leave
05 무서운 가면[탈]   a scary _____
06 7시에 시작하다   _____ at seven
07 교복   a school _____
08 약간의 고양이 사료   some cat _____

[09~12] 다음 밑줄 친 부분의 품사를 고르고, 그 뜻을 쓰세요.

09 Where do you <u>live</u>?   (동 / 형)   뜻: _____
10 Keep the <u>change</u>.   (명 / 동)   뜻: _____
11 January is a <u>cold</u> month.   (명 / 형)   뜻: _____
12 I loved math <u>when</u> I was young.   (부 / 접)   뜻: _____

텔레비전

[13~17] 다음 빈칸에 알맞은 말을 넣어 단어맵을 완성하세요.

13 _____ 코미디, 희극
14 _____ (TV 등의) 프로그램
15 _____ (TV·라디오의) 채널
16 _____ 만화 영화, 애니메이션
17 _____ / _____ ~을 켜다/끄다

DAY 15

≫ **exercise early** in the **morning** 아침 일찍 운동하다

281 exercise
[éksərsàiz]

명 운동 동 운동하다 유 work out

Running is good **exercise**. 달리기는 좋은 운동이다.
How often do you **exercise**? 당신은 얼마나 자주 운동하나요?

282 early
[ə́ːrli]

형 이른, 빠른 반 late   부 일찍 반 late

We see these flowers in **early** spring.
우리는 이른 봄[초봄]에 이런 꽃들을 볼 수 있다.
go to bed **early** 일찍 잠자리에 들다

283 morning
[mɔ́ːrniŋ]

명 아침, 오전

See you tomorrow **morning**. 내일 아침에 봐.

참고 afternoon 오후 evening 저녁

≫ **often wake** up in the **middle** of the **night** 한밤중에 자주 잠이 깨다

284 often
[ɔ́ːfən]

부 흔히, 자주

We **often** go to the movies. 우리는 자주 영화를 보러 간다.

285 wake
[weik]

동 (woke-woken) (잠에서) 깨다[일어나다]; 깨우다

I usually **wake** up early. 나는 보통 일찍 잠에서 깬다.
Please **wake** me up at seven. 7시에 나를 깨워주세요.

286 middle
[mídl]

명 중앙, 가운데 유 center   형 가운데[중간]의

Let him sit in the **middle**. 그를 중앙에 앉혀라.
I sleep in the **middle** bed. 나는 가운데 침대에서 잔다.

287 night
[nait]

명 밤, 야간

You can see the stars at **night**.
밤에는 별을 볼 수 있다.

›› lost in the forest/at sea 숲에서/바다에서 길을 잃은

288 lost
[lɔːst]

형 1 길을 잃은 2 잃어버린

We got **lost** in a big city. 우리는 대도시에서 길을 잃었다.
a **lost** key 잃어버린 열쇠

lose 동 잃어버리다; (시합 등에서) 지다

289 forest
[fɔ́ːrist]

명 숲, 삼림

Many animals live in the **forest**. 많은 동물들이 숲에서 산다.

290 sea
[siː]

명 바다 유 ocean

I like to swim in the **sea**. 나는 바다에서 수영하는 것을 좋아한다.

›› strong winds blow from the east 동쪽에서 강한 바람이 불다

291 strong
[strɔːŋ]

형 힘센, 강한 반 weak

The **strong** man lifted the heavy stone.
힘센 남자가 무거운 돌을 들어올렸다.

strength 명 힘

292 wind
[wind]

명 바람

There isn't much **wind** today. 오늘은 바람이 별로 없다.

windy 형 바람이 많이 부는

293 blow
[blou]

동 (blew-blown) 1 (바람이) 불다 2 (입으로) 불다

The wind is **blowing** hard. 바람이 세게 불고 있다.
Blow out all the candles on the cake.
케이크 위에 있는 촛불을 모두 불어서 꺼라.

294 east
[iːst]

명 (the ~) 동쪽 형 동쪽의

It is on the **east** side of town. 그것은 마을의 동쪽 편에 있다.

295 west
[west]

명 (the ~) 서쪽 형 서쪽의

Which way is **west**? 어느 길이 서쪽이지?

Word Link
'동쪽(east)'은 태양이 뜨는 방향으로, '서쪽(west)'의 반대 방향이에요.

주제: 순서와 단계

296 step [step]
명 1 (발)걸음 2 단계
He took a **step** back. 그는 뒤로 한 걸음 물러났다.
move on to the next **step** 다음 단계로 넘어가다

297 first [fəːrst]
형 첫째의 부 맨 먼저
The **first** step is to boil water. 첫 단계는 물을 끓이는 것이다.
come **first** in the race 경주에서 맨 먼저 들어오다[1등하다]

298 then [ðen]
부 1 (과거·미래의) 그때 2 그 다음에
I'll see you **then**. 그럼 그때 봅시다.
Mix well, and **then** add eggs. 잘 섞고, 그 다음에 계란을 넣어라.

299 final [fáinl]
형 마지막의, 최후의 명 결승(전)
The project is in its **final** stages. 그 프로젝트는 마지막 단계에 있다.
Our team won the **final**. 우리 팀이 결승전에서 이겼다.
finally 부 마침내, 결국

300 for the first time
처음으로
The boy went to the zoo **for the first time** yesterday.
그 소년은 어제 처음으로 동물원에 갔다.

Word Link — Types of Directions

 east

 west

- Read and circle the correct word.

  1 The sun goes down in the (east / west).

  2 The sun rises in the (east / west).

Answers 1 west 2 east

DAILY TEST

정답 p.150

[01~12] 영어는 우리말로, 우리말은 영어로 쓰세요.

01 west　_____
02 strong　_____
03 wake　_____
04 night　_____
05 blow　_____
06 often　_____

07 아침, 오전　_____
08 이른, 빠른; 일찍　_____
09 동쪽; 동쪽의　_____
10 숲, 삼림　_____
11 길을 잃은; 잃어버린　_____
12 바람　_____

[13~15] 다음 밑줄 친 부분과 바꿔 쓸 수 있는 알맞은 표현을 고르세요.

13 Let him sit in the middle.
　　ⓐ step　　ⓑ center　　ⓒ night

14 How often do you exercise?
　　ⓐ lost　　ⓑ wake　　ⓒ work out

15 I like to swim in the sea.
　　ⓐ ocean　　ⓑ forest　　ⓒ wind

순서와 단계

[16~20] 다음 빈칸에 알맞은 말을 넣어 단어맵을 완성하세요.

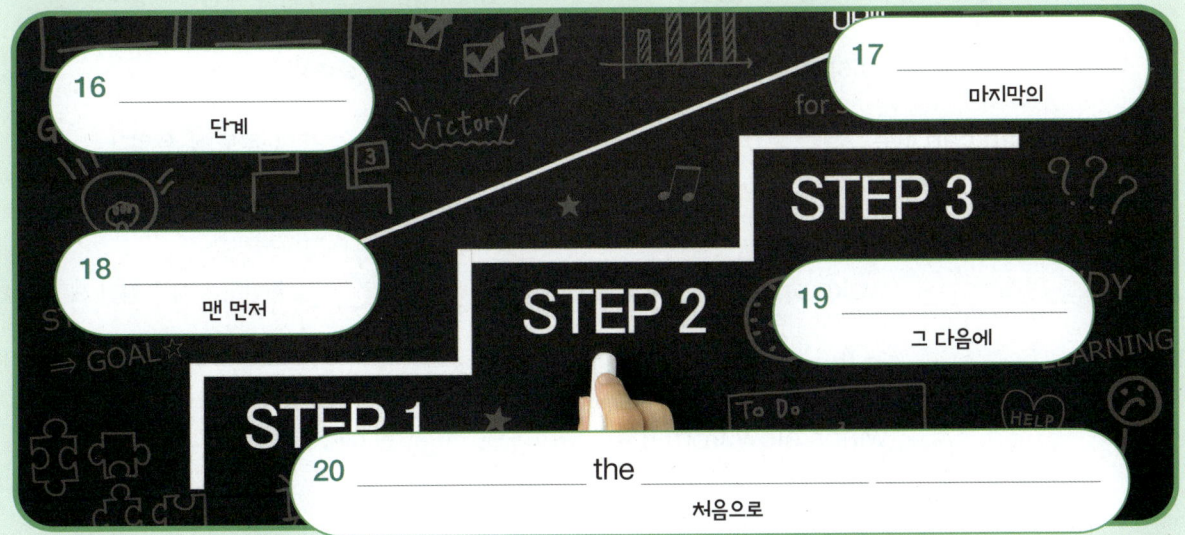

16 _____ 단계
17 _____ 마지막의
18 _____ 맨 먼저
19 _____ 그 다음에
20 _____ the _____ 처음으로

REVIEW TEST   DAY 11~15

정답 p.151

A 덩어리 표현   우리말에 맞게 빈칸을 채워 핵심 표현을 완성하세요.

01 _____ to _____   사용하기 쉬운

02 _____ an _____ purse   비싼 지갑을 잃어버리다

03 plan a surprise _____ for a _____   친구를 위해 깜짝 파티를 계획하다

04 _____ the _____ aside   커튼을 한쪽으로 당기다

05 _____ too much about your _____   미래에 대해 지나치게 걱정하다

06 _____ some water in a _____   냄비에 물을 조금 끓이다

07 _____ a _____ ticket online   온라인으로 콘서트 표를 사다

08 _____ _____ the numbers together   그 모든 숫자를 합하다

09 _____ at _____ in the evening   저녁에 집에서 쉬다

10 _____ and water don't mix _____   기름과 물은 잘 섞이지 않는다

11 a _____ minutes _____   몇 분 전에

12 build a _____ across a _____   강을 가로지르는 다리를 짓다

13 _____ a _____   마스크를 쓰다

14 get a cold _____ the _____ change   계절이 바뀔 때 감기에 걸리다

15 _____ to start a _____   다이어트를 하기로 결심하다

16 no man can live _____ _____   먹을 것이 없으면 아무도 살 수 없다

17 _____ early in the _____   아침 일찍 운동하다

18 _____ wake up in the middle of the _____   한밤중에 자주 잠이 깨다

19 _____ in the _____   숲에서 길을 잃은

20 _____ winds blow from the _____   동쪽에서 강한 바람이 불다

B 주제별 어휘   우리말에 맞게 빈칸을 채워 문장을 완성하세요.

야생 지역
01 The _____ caught the fox.
그 사냥꾼은 여우를 잡았다.

02 He shot a deer with an _____.
그는 화살로 사슴을 쐈다.

스포츠
03 Who is the golf _____ this year?
올해 골프 챔피언은 누구인가?

04 He is a _____ runner.
그는 빠른 달리기 선수이다.

집안일
05 I don't like doing _____.
나는 집안일 하는 것을 좋아하지 않는다.

06 The _____ is broken again!
변기가 또 고장 났어요!

텔레비전
07 He is watching a cooking _____.
그는 요리 프로그램을 보고 있다.

08 I changed the _____ to watch the soccer game.
나는 축구 경기를 보기 위해 채널을 돌렸다.

순서와 단계
09 Mix well, and _____ add eggs.
잘 섞고, 그 다음에 계란을 넣어라.

10 The project is in its _____ stages.
그 프로젝트는 마지막 단계에 있다.

C Word Link   다음 문맥에 알맞은 표현을 고르세요.

01 How did she lose (diet / weight) so quickly?

02 The sun goes down in the (east / west).

03 He gave me (some / any) flowers.

04 A (purse / wallet) is usually a small, flat case.

05 Boil the soup for five (minutes / years).

DAY 16

>> **many different ways** of life 수많은 여러 가지 삶의 방식들

301 many
[méni]

형 많은

There are **many** rooms in the hotel. 그 호텔에는 방이 많다.

참고 much(많은) + 셀 수 없는 명사

302 different
[dífərənt]

형 1 다른, 차이가 나는 반 same 2 여러 가지의 유 various

Korean is very **different** from Japanese. 한국어는 일본어와 매우 다르다.
different colors 여러 가지의 색깔들

Plus+ · be different from ~와 다르다
difference 명 차이, 다름

303 way
[wei]

명 1 길 2 방법, 방식

We got lost on our **way** to the forest. 우리는 숲으로 가는 길에 길을 잃었다.
the best **way** to lose weight 살을 빼는 가장 좋은 방법

>> a **nice seafood restaurant near** here 이 근처 괜찮은 해산물 식당

304 nice
[nais]

형 좋은, 괜찮은, 멋진

The weather is **nice** today. 오늘 날씨가 좋다.
You look very **nice**. 너 정말 멋져 보여.

305 seafood
[síːfùːd]

명 해산물

This place is famous for **seafood**. 이곳은 해산물로 유명하다.

306 restaurant
[réstərɑːnt]

명 식당, 레스토랑

We went to an Italian **restaurant**. 우리는 이탈리안 레스토랑에 갔다.

307 near
[niər]

형 가까운 반 far 부 가까이 반 far 전 ~ 가까이에

Where is the **nearest** bank? 가장 가까운 은행이 어디에 있나요?
Don't come **near**! 가까이 오지 마!
a hotel **near** the ocean 바다 가까이에 있는 호텔

» leave a short note for someone 누군가에게 짧은 메모를 남기다

308 leave [liːv]
동 (left-left) 1 떠나다 2 남겨두다
We'll **leave** after lunch. 우리는 점심 후에 떠날 것이다.
leave a bag on the bus 가방을 버스에 두고 내리다

309 short [ʃɔːrt]
형 1 짧은 반 long 2 키가 작은 반 tall
She is wearing a **short** dress. 그녀는 짧은 드레스를 입고 있다.
He is too **short** to be a model. 그는 모델이 되기에는 키가 너무 작다.

310 note [nout]
명 1 메모, 쪽지 2 (-s) 필기, 노트
Please make a **note** of the dates. 날짜를 메모해 두세요.
Did you take **notes** in science class? 너는 과학 시간에 필기를 했니?
Plus+ · make a note of ~을 메모하다

311 someone [sʌ́mwʌn]
대 어떤 사람, 누구 동 somebody
There is **someone** at the door. 현관에 누가 있다.

» the event begins at noon 행사가 정오에 시작되다

312 event [ivént]
명 사건[일]; 행사
Great **events** are recorded in books. 큰 사건들은 책에 기록된다.
the world's biggest sporting **event** 세계 최대의 스포츠 행사

313 begin [bigín]
동 (began-begun) 시작하다 유 start
The movie will **begin** soon. 영화가 곧 시작할 것이다.

314 noon [nuːn]
명 정오
It is usually hottest at **noon**. 보통 정오에 가장 덥다.

315 midnight [mídnàit]
명 자정
The restaurant is open from **midnight** to 7 a.m.
그 가게는 자정부터 오전 7시까지 영업한다.

Word Link
noon은 12 p.m., 즉 '정오'를 의미하고, midnight은 12 a.m., 즉 '자정'을 의미해요.

주제 위치와 방향

316 front [frʌnt]
명 (the ~) 앞(부분) ⊕ back 형 앞부분의 ⊕ back
Stand at the **front** of the classroom. 교실 앞에 서 있어라.
an animal's **front** legs 동물의 앞다리

317 away [əwéi]
부 떨어져, 멀리
The beach is 1 kilometer **away**. 해변은 1킬로미터 떨어져 있다.

318 center [séntər]
명 1 중심, 중앙 ≒ middle 2 종합시설, 센터
The **center** of the earth is very hot. 지구의 중심은 매우 뜨겁다.
a shopping **center** 쇼핑센터

319 inside [ìnsáid]
부 전 안에[으로] / ~ 안에 ⊕ outside 명 안, 내부 ⊕ outside
It's raining. Let's go **inside**. 비가 오고 있다. 안으로 들어가자.
inside the building 그 건물 안에
the **inside** of the box 그 상자의 내부

320 next to
~ 옆에
There is a restaurant **next to** the hotel. 그 호텔 옆에 레스토랑이 있다.

Word Link Difference between Noon and Midnight

 noon midnight

- Read and complete the sentences.

  1 The movie ended at 11:30 p.m. so I arrived home at _____.

  2 It is usually hottest at _____.

Answers 1 midnight 2 noon

DAILY TEST

정답 p.151

[01~08] 다음 우리말과 같은 뜻이 되도록 빈칸에 알맞은 단어를 쓰세요.

01 가장 좋은 방법   the best _____
02 곧 시작하다   _____ soon
03 날짜를 메모하다   make a _____ of the dates
04 이탈리안 레스토랑   an Italian _____
05 해산물로 유명하다   be famous for _____
06 자정부터 오전 7시까지   from _____ to 7 a.m.
07 가방을 버스에 두고 내리다 _____ a bag on the bus
08 스포츠 행사   a sporting _____

[09~12] 다음 밑줄 친 부분의 반의어를 골라 연결하세요.

09 Korean is very <u>different</u> from Japanese. •   • ⓐ back
10 Don't come <u>near</u>!   •   • ⓑ far
11 Stand at the <u>front</u> of the classroom.   •   • ⓒ tall
12 He is too <u>short</u> to be a model.   •   • ⓓ same

위치와 방향

[13~17] 다음 빈칸에 알맞은 말을 넣어 단어맵을 완성하세요.

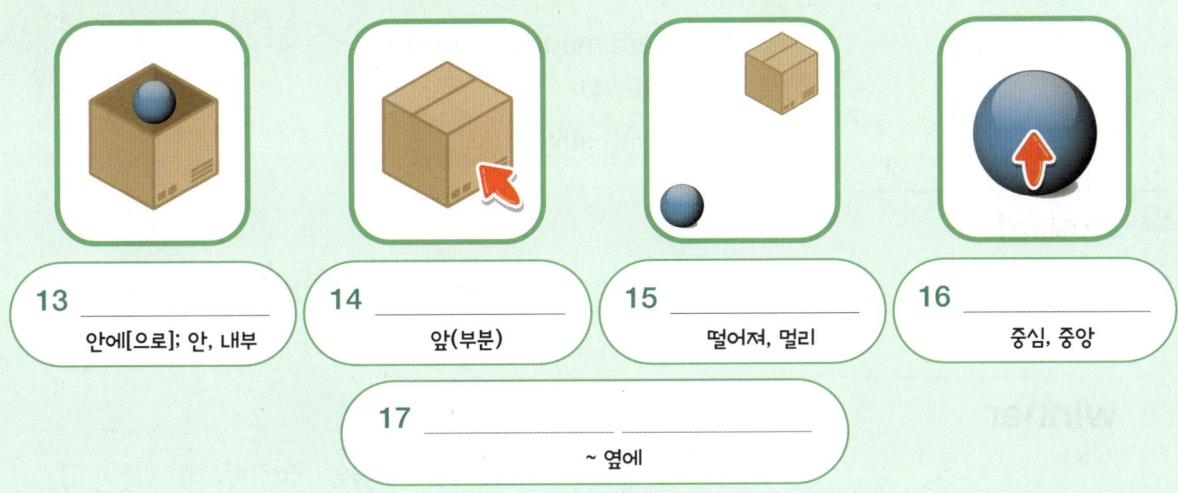

13 _____ 안에[으로]; 안, 내부
14 _____ 앞(부분)
15 _____ 떨어져, 멀리
16 _____ 중심, 중앙
17 _____ ~ 옆에

DAY 17

>> **thank** you for your **help/postcard** 도와줘서/엽서를 보내줘서 고마워

321 thank [θæŋk]
동 고마워하다, 감사하다
Thank you for your time. 시간 내주셔서 고맙습니다.
thankful 형 고맙게[다행으로] 생각하는
참고 **thanks**는 비격식의 일상어, **thank you**는 다정하고 정중한 표현임

322 help [help]
동 돕다, 도와주다 명 도움
How can I **help** you? 무엇을[어떻게] 도와드릴까요?
Do you need any **help**? 도움이 필요하세요?
helpful 형 도움이 되는, 유익한

323 postcard [póustkà:rd]
명 (그림)엽서
Send us a **postcard** from Paris! 파리에서 우리에게 엽서 보내줘!

>> an Olympic **gold medal winner** 올림픽 금메달 수상자

324 gold [gould]
명 금 형 금으로 만든; 금빛의
What is the price of **gold**? 금값이 얼마인가요?
a **gold** coin/ring 금화/금반지

325 silver [sílvər]
명 은 형 은으로 만든; 은빛의
These cups are made of **silver**.
이 컵들은 은으로 만들어졌다.
an old man with **silver** hair 은발의 노인

Word Link
2등에게 주어지는 '은메달'은 영어로 silver medal이라 해요.

326 medal [médl]
명 메달; 훈장
The war hero received a **medal** from the king.
그 전쟁 영웅은 왕으로부터 훈장을 받았다.

327 winner [wínər]
명 우승자, 승자
The **winners** will receive their prizes. 우승자들은 상을 받을 것이다.
win 동 이기다; 따다, 획득하다

≫ climb up a mountain once a month 한 달에 한 번 산에 오르다

328 climb [klaim]
동 오르다, 올라가다
The girl loves to **climb** trees. 그 소녀는 나무를 오르는 것을 매우 좋아한다.
climb a hill 언덕을 올라가다

329 up [ʌp]
부 위로[에] 반 down   전 ~ 위로[에] 반 down
Put your hands **up**! 손을 (위로) 들어라!
go **up** the stairs 계단 위로 올라가다

330 mountain [máuntən]
명 산; 산맥
The house is in the **mountains**. 그 집은 산 속에 있다.
the Rocky **Mountains** 로키 산맥

331 once [wʌns]
부 한 번
We meet **once** a year. 우리는 일 년에 한 번 만난다.
참고 **twice** 두 번

332 month [mʌnθ]
명 달, 월, 개월
We are moving to a new house next **month**.
우리는 다음 달에 새 집으로 이사를 한다.
One year has twelve **months**. 1년은 12개월로 되어 있다.
참고 **year** 해[년/연]; 나이

≫ never forget the moment 그 순간을 절대 잊지 못하다

333 never [névər]
부 결코[절대] ~하지 않다
It **never** snows in Puerto Rico. 푸에르토리코에는 절대 눈이 오지 않는다.

334 forget [fərgét]
동 (forgot-forgotten) 잊다 반 remember
I never **forget** a face. 나는 사람들 얼굴을 절대 안 잊는다.

335 moment [móumənt]
명 1 (특정한) 순간, 시점 2 잠깐, 잠시
Just at that **moment**, the phone rang. 딱 그 순간, 전화벨이 울렸다.
wait a **moment** 잠시 기다리다

주제 일상생활

336 life [laif]
명 (복수형 lives) 1 인생, 삶 2 목숨[생명]
We are all living busy **lives**. 우리는 모두 바쁜 삶을 살고 있다.
save her **life** 그녀의 목숨을 구하다

337 daily [déili]
형 매일의, 일상의 부 매일
the **daily** life of office workers 회사원들의 일상 생활
exercise **daily** 매일 운동하다

338 alarm [əláːrm]
명 1 경보 2 알람, 자명종
A fire **alarm** is ringing now. 지금 화재 경보기가 울리고 있다.
set an **alarm** 알람을 맞추다

339 helpful [hélpfəl]
형 도움이 되는, 유익한 ⊕ useful
Thank you for your **helpful** advice. 당신의 도움이 되는 조언에 감사합니다.
help 동 돕다, 도와주다 명 도움

340 get up
1 (잠자리에서) 일어나다 2 일어서다 ⊕ stand up
What time do you **get up**? 너는 몇 시에 일어나니?
He **got up** suddenly and walked out. 그는 갑자기 일어나서 걸어 나갔다.

Word Link  Olympic Medals

gold

silver

bronze

• Read and complete the sentences.

1 If you come in the first place, you win the _____ medal.

2 If you come in the third place, you win the _____ medal.

Answers 1 gold 2 bronze

DAILY TEST

정답 p.151

[01~06] 다음 단어들을 연결하여 어구를 완성하고 그 뜻을 쓰세요.

01 wait • • ⓐ trees   뜻: _____
02 a gold • • ⓑ month   뜻: _____
03 send • • ⓒ forget   뜻: _____
04 climb • • ⓓ ring   뜻: _____
05 next • • ⓔ a moment   뜻: _____
06 never • • ⓕ a postcard   뜻: _____

[07~12] 다음 빈칸에 알맞은 말을 골라 쓰세요.

| winners   silver   medal   help   up   once |

07 Do you need any _____?
08 The _____ will receive their prizes.
09 We meet _____ a year.
10 These cups are made of _____.
11 Put your hands _____!
12 The war hero received a _____ from the king.

일상생활
[13~17] 다음 빈칸에 알맞은 말을 넣어 단어맵을 완성하세요.

13 _____ 도움이 되는
14 _____ 인생, 삶
15 _____ 매일의, 일상의; 매일
16 _____ 경보; 알람, 자명종
17 _____ (잠자리에서) 일어나다

DAY 18

>> **finally arrive** in your **hometown** 마침내 고향에 도착하다

341 finally
[fáinəli]

부 마침내, 결국 유 at last

We **finally** won a game. 우리는 마침내 경기에서 이겼다.

final 형 마지막의, 최후의 명 결승(전)

342 arrive
[əráiv]

동 도착하다

He **arrived** in London at 10 p.m. 그는 밤 10시에 런던에 도착했다.
arrive early for a meeting 회의에 일찍 도착하다
arrival 명 도착

343 hometown
[hóumtaun]

명 고향

I always miss my **hometown**. 나는 늘 내 고향이 그립다.

>> **tired after** a **long trip** 긴 여행 후에 피곤한

344 tired
[taiərd]

형 1 피곤한, 지친 2 싫증난 ((of))

I am too **tired** to walk. 나는 너무 피곤해서 못 걷겠다.
Are you **tired** of your job? 당신의 직업에 싫증이 나요?

345 after
[ǽftər]

전 |시간·순서| ~ 뒤[후]에 반 before 접 ~한 뒤[후]에 반 before

They played soccer **after** school. 그들은 방과 후에 축구를 했다.
Brush your teeth **after** you eat. 먹은 후에 이를 닦아라.

346 long
[lɔːŋ]

형 1 (길이·거리가) 긴 반 short 2 (시간이) 긴, 오랜 반 short

She has **long** hair. 그녀는 긴 머리칼을 갖고 있다.
The movie was too **long**. 그 영화는 너무 길었다.

347 trip
[trip]

명 여행

We took a **trip** to Hawaii.
우리는 하와이로 여행을 갔다.

Plus+ · take a trip to ~로 여행가다

≫ celebrate your birthday with family 가족과 함께 생일을 축하하다

348 celebrate [séləbrèit]
동 기념하다, 축하하다
My family **celebrates** Christmas at home.
우리 가족은 집에서 크리스마스를 기념한다.
celebration 명 기념[축하](하기)

349 birthday [bə́ːrθdèi]
명 생일
Come to my **birthday** party. 내 생일 파티에 와줘.

350 birth [bəːrθ]
명 탄생, 출생
Please write your date of **birth** here.
여기에 생년월일을 써 주세요.

> **Word Link**
> birthday는 'birth(출생)'와 'day(날)'의 합성어로, '출생한 날[생일]'을 뜻해요.

351 with [wíð]
전 1 ~와 함께 2 ~로, ~을 이용하여
I live **with** my parents. 나는 부모님과 함께 산다.
He opened the door **with** a key. 그는 열쇠로 그 문을 열었다.

352 family [fǽməli]
명 가족, 가정
How many people are in your **family**? 가족이 몇 명입니까?

≫ walk straight ahead 앞으로 직진해 걷다

353 walk [wɔːk]
동 걷다 명 걷기, 산책
Do you want to **walk** or take the bus? 걷고 싶어, 아니면 버스를 타고 싶어?
Let's go for a **walk**. 산책하러 가자.

354 straight [streit]
부 똑바로; 곧장 형 곧은, 일직선의
She looked **straight** at me. 그녀는 나를 똑바로 쳐다보았다.
Come **straight** home after school. 학교 끝나면 곧장 집으로 와.
a **straight** line 곧은 줄[일직선]

355 ahead [əhéd]
부 앞으로, 앞에
The road **ahead** is very busy. 앞에 도로가 매우 붐빈다.

| 주제 | 취미활동 |

356	**hike** [haik]	통 하이킹[도보 여행]하다 명 하이킹, 도보 여행 We **hiked** up the mountain. 우리는 산에서 하이킹을 했다. go on a **hike** 하이킹을 가다
357	**crazy** [kréizi]	형 1 미친, 제정신이 아닌 2 열광하는, 푹 빠진 ((about)) You jogged in this rain? Are you **crazy**? 이 빗속에 조깅을? 제정신이야? Lisa is **crazy** about dancing. 리사는 춤에 푹 빠져 있다.
358	**interest** [íntərəst]	명 흥미, 관심 ((in)) I have an **interest** in movies. 나는 영화에 관심이 있다. interesting 형 재미있는, 흥미로운 interested 형 흥미[관심] 있는
359	**model** [mádl]	명 1 모형 2 모델 We made a **model** plane together. 우리는 함께 모형 비행기를 만들었다. She is a fashion **model**. 그녀는 패션 모델이다.
360	**from time to time**	때때로, 가끔 Tom draws pictures **from time to time**. 톰은 때때로 그림을 그린다.

Word Link — Compound Words

birth + day = birthday

- Separate into two words.

1 everyday = _____ + _____

2 childbirth = _____ + _____

Answers 1 every, day 2 child, birth

DAILY TEST

[01~09] 다음 우리말과 같은 뜻이 되도록 빈칸에 알맞은 단어를 쓰세요.

01 산책하러 가다   go for a _____
02 크리스마스를 기념하다   _____ Christmas
03 춤에 푹 빠지다   be _____ about dancing
04 하와이로 여행가다   take a _____ to Hawaii
05 열쇠로 문을 열다   open the door _____ a key
06 곧은 줄[일직선]   a _____ line
07 고향을 그리워하다   miss my _____
08 너의 직업에 싫증이 나다   be _____ of your job
09 하이킹을 가다   go on a _____

[10~14] 다음 괄호 안에서 알맞은 말을 고르세요.

10 Please write your date of (birth / birthday) here.
11 We (final / finally) won a game.
12 I have an (interest / interested) in movies.
13 He (arrived / arrival) in Lodon at 10 p.m.
14 Brush your teeth (after / before) you eat.

취미활동
[15~19] 다음 빈칸에 알맞은 말을 넣어 단어맵을 완성하세요.

15 _____ 흥미, 관심
16 _____ 열광하는, 푹 빠진
17 _____ 하이킹[도보 여행]하다
18 _____ 모형; 모델
19 _____ _____ to _____ 때때로, 가끔

DAY 18 • 087

DAY 19

▶▶ return to your seat 자리로 돌아가다

361 return [ritə́ːrn]
동 1 돌아오다[가다] 2 돌려주다, 반납하다
He **returned** home from the trip. 그는 여행에서 집으로 돌아왔다.
I **returned** the book to the library. 나는 도서관에 그 책을 반납했다.

362 seat [siːt]
명 좌석, 자리
I sat in the front **seat** of the car.
나는 그 차의 앞좌석에 앉았다.

363 belt [belt]
명 허리띠; 벨트
These pants are too big – I need a **belt**. 이 바지는 너무 커. 나는 허리띠가 필요해.

Word Link
자동차나 비행기 등에 설치된 '안전벨트'를 영어로 seat belt라고 해요.

▶▶ hang a painting/poster on the wall 벽에 그림을/포스터를 걸다

364 hang [hæŋ]
동 (hung-hung) 걸다, 매달다
Hang your coat in the closet. 벽장에 네 코트를 걸어라.
She **hung** curtains on the window. 그녀는 창문에 커튼을 달았다.

365 painting [péintiŋ]
명 (물감으로 그린) 그림
Is that **painting** famous? 저 그림은 유명한가요?
paint 명 페인트 동 페인트칠하다; (그림 물감으로) 그리다　painter 명 화가

366 poster [póustər]
명 포스터, 벽보
She collects old movie **posters**. 그녀는 옛날 영화 포스터를 모은다.

367 wall [wɔːl]
명 담; 벽
The children sat on the stone **wall**. 그 아이들은 돌담 위에 앉았다.
paint the **wall** white 그 벽을 흰색으로 칠하다

» plant colorful flowers in a garden 정원에 다채로운 꽃들을 심다

368 plant [plænt]

명 식물 동 (나무 등을) 심다

All **plants** need light and water. 모든 식물은 빛과 물을 필요로 한다.
Plant these trees in the sun. 햇빛이 드는 곳에 이 나무들을 심어라.

369 colorful [kʌ́lərfəl]

형 알록달록한, (색이) 다채로운

He wore a **colorful** shirt.
그는 알록달록한 셔츠를 입었다.

color 명 색(깔) 동 ~에 색칠[채색]하다

370 flower [fláuər]

명 꽃

Roses are my favorite **flowers**. 장미는 내가 가장 좋아하는 꽃이다.

371 in [in]

전 1 |장소| ~(안)에서 2 |기간| ~(동안)에

He lives **in** the city. 그는 도시에서 산다.
I go skiing **in** the winter. 나는 겨울에 스키를 타러 간다.

372 garden [gáːrdn]

명 정원, 뜰

I want to live in a house with a **garden**.
나는 정원이 있는 집에서 살고 싶다.

» send a message by email 이메일로 메시지를 전하다

373 send [send]

동 (sent-sent) 보내다, 발송하다; 전하다

He **sent** her flowers. 그는 그녀에게 꽃을 보냈다.
send my love 나의 사랑을 전하다

374 message [mésidʒ]

명 전갈, 메시지

Did you get my **message**? 당신은 내 전갈을 받았나요?
send a text **message** 문자 메시지를 보내다

375 email [íːmeil]

명 이메일

Please write your **email** address here.
여기에 당신의 이메일 주소를 적어 주세요.

주제: 날씨와 환경

376 windy [wíndi]
- 형 바람이 많이 부는
- I like to fly kites on **windy** days.
- 나는 바람이 많은 날에 연 날리는 것을 좋아한다.
- wind 명 바람

377 foggy [fɔ́:gi]
- 형 안개가 낀
- It is too **foggy** to drive. 너무 안개가 껴서 운전할 수가 없다.
- fog 명 안개

378 cool [ku:l]
- 형 서늘한, 시원한 ↔ warm
- It is **cool** in fall. 가을에는 서늘하다.
- a **cool** drink 시원한 음료수

379 snowy [snóui]
- 형 눈이 많이 오는
- A cold and **snowy** winter is coming!
- 춥고 눈이 많이 오는 겨울이 오고 있다!
- snow 명 눈 동 눈이 오다

380 all day (long)
- 하루 종일
- It rained **all day long** yesterday. 어제 하루 종일 비가 왔다.

Word Link — Compound Words

seat + belt = seat belt

- Circle the compound word in each sentence.
  1. I like to eat some ice cream.
  2. The little boy sat in the back seat of the car.

Answers 1 ice cream 2 back seat

DAILY TEST

정답 p.151

[01~10] 영어는 우리말로, 우리말은 영어로 쓰세요.

01 colorful _____
02 hang _____
03 return _____
04 wall _____
05 seat _____
06 식물; (나무 등을) 심다 _____
07 전갈, 메시지 _____
08 허리띠; 벨트 _____
09 하루 종일 _____
10 보내다, 발송하다; 전하다 _____

[11~16] 다음 빈칸에 알맞은 말을 골라 쓰세요.

| posters   flowers   snowy   in   garden   email |

11 A cold and _____ winter is coming!
12 I go skiing _____ the winter.
13 Roses are my favorite _____.
14 She collects old movie _____.
15 I want to live in a house with a _____.
16 Please write your _____ address here.

날씨와 환경
[17~21] 다음 빈칸에 알맞은 말을 넣어 단어맵을 완성하세요.

17 _____ 바람이 많이 부는
18 _____ 안개가 낀
19 _____ 서늘한, 시원한
20 _____ 눈이 많이 오는
21 _____ 하루 종일

DAY 19

DAY 20

>> **far** from a **subway station** 지하철 역에서 멀리 떨어진

| 381 | **far** [fɑːr] | 부 멀리 🔄 near 형 먼, 멀리 떨어진 🔄 near
We traveled **far**. 우리는 멀리 여행을 갔다.
It is too **far** to walk there. 거기에 걸어가기엔 너무 멀다. |

| 382 | **subway** [sʌ́bwèi] | 명 지하철
He takes the **subway** to work. 그는 지하철을 타고 출근한다. |

| 383 | **station** [stéiʃən] | 명 1 역, 정류장 2 (관청·시설 등의) -소, -서
She drove him to the train **station**.
그녀는 그를 기차역까지 차로 데려다주었다.
a fire/police **station** 소방서/경찰서 |

>> **put/turn** the **key** in the **lock** 자물쇠 안에 열쇠를 넣다/넣고 돌리다

| 384 | **put** [put] | 동 (put-put) 놓다[두다/넣다] 🟰 place
Put the book on the desk. 그 책을 책상 위에 놓아라.
put sugar in my coffee 내 커피에 설탕을 넣다 |

| 385 | **turn** [təːrn] | 동 돌다; 돌리다 명 순서, 차례
The dancer **turns** on her toes. 그 무용수는 발끝으로 돈다.
wait your **turn** 너의 차례를 기다리다 |

| 386 | **key** [kiː] | 명 1 열쇠[키] 2 비결
I can't find my house **key**. 나는 집 열쇠를 찾을 수가 없다.
the **key** to good health 건강의 비결 |

| 387 | **lock** [lak] | 동 잠그다; 잠기다 명 자물쇠
We **locked** all of the doors. 우리는 모든 문을 잠갔다.
The door doesn't **lock**. 문이 안 잠겨.
The thief picked the **lock**. 그 도둑은 자물쇠를 땄다. |

▶▶ sound really interesting/funny 정말 흥미롭게/우습게 들리다

388 sound [saund]
명 소리 동 (~하게) 들리다
I heard a **sound** in the kitchen. 나는 부엌에서 어떤 소리를 들었다.
Your voice **sounds** strange. 네 목소리가 이상하게 들린다.

389 really [ríːəli]
부 1 실제[진짜]로 2 |강조| 아주[정말]
What **really** happened? 실제로 무슨 일이 일어났나요?
She **really** likes you. 그녀는 정말 너를 좋아해.
real 형 진짜의, 실제의

390 interesting [íntərəstiŋ]
형 재미있는, 흥미로운 반 boring
I am reading an **interesting** book. 나는 재미있는 책을 읽고 있다.
interest 명 흥미, 관심 interested 형 관심[흥미] 있는

391 funny [fʌ́ni]
형 우스운, 재미있는
She told me a **funny** story. 그녀는 내게 우스운 이야기를 해 주었다.
He is a **funny** man. 그는 재미있는 사람이야.
참고 fun 재미, 즐거움; 재미있는, 즐거운

▶▶ want a delicious dessert 맛있는 디저트를 원하다

392 want [wɑnt]
동 1 원하다 2 ~하고 싶다 (to-v)
Do you **want** more juice? 주스를 좀 더 원하나요?
I **want** to go home now. 나는 지금 집에 가고 싶다.

393 delicious [dilíʃəs]
형 맛있는 유 tasty
The cake looks **delicious**. 케이크가 맛있어 보인다.

394 dessert [dizə́ːrt]
명 디저트, 후식
I ate grapes for **dessert**. 나는 후식으로 포도를 먹었다.

395 desert [dézərt]
명 사막
The Sahara **Desert** is in Africa.
사하라 사막은 아프리카에 있다.

Word Link
dessert와 desert는 혼동하기 쉬운 단어로, 사막을 의미할 때는 's'가 하나예요.

| 주제 | 문화와 예술 |

396 musician [mjuːzíʃən]
명 음악가, 뮤지션
He is a famous rock **musician**. 그는 유명한 록 뮤지션이다.
music 명 음악

397 style [stail]
명 1 (행동·예술 등의) 방식, 양식 2 (옷 등의) 스타일
I like the **style** of his writing. 나는 그의 글 쓰는 방식이 좋다.
various **styles** and sizes 다양한 스타일과 사이즈

398 fine [fain]
형 1 훌륭한, 좋은 2 건강한
The painting looks **fine** to me. 그 그림은 내게는 훌륭해 보인다.
I feel **fine** now. 나는 이제 몸이 괜찮다.

399 simple [símpl]
형 1 간단한, 쉬운 ⑨ easy 2 단순한, 소박한
Please tell me in a **simple** way. 내게 쉽게 말해주세요.
a **simple** design 단순한 디자인

400 again and again
몇 번이고, 되풀이해서
He tried **again and again** to make a perfect drawing.
그는 완벽한 그림을 그리기 위해 몇 번이고 시도했다.

 **Word Link**   **Commonly Confused Words**

 desert

 dessert

• Read and circle the correct word.

1 Many people use camels in the (desert / dessert).

2 She had apple pie for (desert / dessert).

Answers 1 desert 2 dessert

DAILY TEST

정답 p.151

[01~06] 다음 단어들을 연결하여 어구를 완성하고 그 뜻을 쓰세요.

01 hear • • ⓐ your turn 뜻: _____
02 a funny • • ⓑ a sound 뜻: _____
03 wait • • ⓒ story 뜻: _____
04 look • • ⓓ station 뜻: _____
05 the Sahara • • ⓔ Desert 뜻: _____
06 a fire • • ⓕ delicious 뜻: _____

[07~12] 다음 괄호 안에서 알맞은 말을 고르세요.

07 He is a famous rock (musician / music).

08 What (real / really) happened?

09 I ate grapes for (desert / dessert).

10 I am reading an (interesting / interested) book.

11 (Put / Puts) the book on the desk.

12 It is too (far / near) to walk there.

문화와 예술

[13~17] 다음 빈칸에 알맞은 말을 넣어 단어맵을 완성하세요.

13 _____ 훌륭한, 좋은
14 _____ 음악가, 뮤지션
15 _____ (행동·예술 등의) 방식
16 _____ 단순한, 소박한
17 _____ and _____ 몇 번이고, 되풀이해서

DAY 20

REVIEW TEST DAY 16~20

정답 p.152

A 덩어리 표현 우리말에 맞게 빈칸을 채워 핵심 표현을 완성하세요.

01 _____ _____ ways of life 수많은 여러 가지 삶의 방식들

02 a _____ seafood _____ near here 이 근처 괜찮은 해산물 식당

03 _____ a _____ note for someone 누군가에게 짧은 메모를 남기다

04 the _____ begins at _____ 행사가 정오에 시작되다

05 _____ you for your _____ 엽서를 보내줘서 고마워

06 an Olympic gold _____ _____ 올림픽 금메달 수상자

07 climb up a _____ once a _____ 한 달에 한 번 산에 오르다

08 _____ forget the _____ 그 순간을 절대 잊지 못하다

09 _____ arrive in your _____ 마침내 고향에 도착하다

10 _____ after a long _____ 긴 여행 후에 피곤한

11 celebrate your _____ with _____ 가족과 함께 생일을 축하하다

12 _____ straight _____ 앞으로 직진해 걷다

13 _____ to your _____ 자리로 돌아가다

14 _____ a _____ on the wall 벽에 포스터를 걸다

15 plant _____ flowers in a _____ 정원에 다채로운 꽃들을 심다

16 send a _____ by _____ 이메일로 메시지를 전하다

17 _____ from a _____ station 지하철 역에서 멀리 떨어진

18 _____ the _____ in the lock 자물쇠 안에 열쇠를 넣고 돌리다

19 _____ really _____ 정말 흥미롭게 들리다

20 _____ a delicious _____ 맛있는 디저트를 원하다

B 주제별 어휘 — 우리말에 맞게 빈칸을 채워 문장을 완성하세요.

위치와 방향

01 Stand at the _____ of the classroom.
교실 앞에 서 있어라.

02 The _____ of the earth is very hot.
지구의 중심은 매우 뜨겁다.

일상생활

03 We are all living busy _____.
우리는 모두 바쁜 삶을 살고 있다.

04 Thank you for your _____ advice.
당신의 도움이 되는 조언에 감사합니다.

취미활동

05 I have an _____ in movies.
나는 영화에 관심이 있다.

06 We made a _____ plane together.
우리는 함께 모형 비행기를 만들었다.

날씨와 환경

07 I like to fly kites on _____ days.
나는 바람이 많은 날에 연 날리는 것을 좋아한다.

08 A cold and _____ winter is coming!
춥고 눈이 많이 오는 겨울이 오고 있다!

문화와 예술

09 He is a famous rock _____.
그는 유명한 록 뮤지션이다.

10 I like the _____ of his writing.
나는 그의 글 쓰는 방식이 좋다.

C Word Link — 다음 문맥에 알맞은 표현을 고르세요.

01 It is usually hottest at (midnight / noon).

02 She had apple pie for (desert / dessert).

03 Please write your date of (birth / birthday) here.

04 The word ("seat" / "seat belt") is a compound word.

05 If you come in the first place, you win the (gold / silver) medal.

DAY 11~20 CUMULATIVE TEST

[01~30] 다음 단어의 뜻을 쓰세요.

01 wallet
02 friend
03 enemy
04 some
05 pot
06 fast
07 few
08 across
09 garbage
10 when
11 decide
12 without
13 early
14 often
15 final
16 way
17 near
18 leave
19 thank
20 climb
21 forget
22 trip
23 ahead
24 hike
25 return
26 poster
27 plant
28 station
29 turn
30 fine

[31~40] 다음 뜻을 가진 단어를 쓰세요.

31 끌다, 잡아당기다
32 같이, 함께
33 (시간 단위의) 분; 잠깐
34 계절; 시기, 철
35 숲, 삼림
36 자정
37 우승자, 승자
38 탄생, 출생
39 안개가 낀
40 멀리; 먼, 멀리 떨어진

[41~45] 다음 숙어의 뜻을 쓰세요.

41 do the dishes
42 turn on/off
43 next to
44 from time to time
45 again and again

Vocabulary for Comprehension

Mysterious Death

추리 극장 2

Mr. James is found dead in his room. The room has no window and the door is **locked**. Only three people have a key to the room. Police **arrive** and talk to each person. The maid says, "I came to **wake** up Mr. James. When I saw him dead, I screamed!" The cook says, "When I heard the scream, I ran into the room. I turned on the light and saw him with a knife in his neck." The wife says, "I was in the **garden** and didn't see anything." Who did it?

★ Think about it. Then watch the video and check your answer.

1 What do you need to **lock** a door?
   a. an alarm   b. a key   c. a belt   d. a curtain

2 What is another word for **arrive**?
   a. begin   b. return   c. come   d. leave

3 The word **wake** means to cause someone to stop …
   a. resting.   b. walking.   c. forgetting.   d. sleeping.

4 The word **garden** means an area of ground where … are grown.
   a. plants   b. children   c. seafoods   d. pets

불가사의한 죽음 제임스 씨는 그의 방에서 죽은 채로 발견된다. 그 방에는 창문이 없고, 문은 잠겨 있다. 오직 3명만이 그 방의 열쇠를 가지고 있다. 경찰이 도착하여 각각의 사람과 이야기를 나눈다. 하녀가 말하기를, "저는 제임스 씨를 깨우러 들어왔어요. 저는 그가 죽은 걸 보고, 비명을 질렀어요!" 요리사가 말하기를, "제가 비명 소리를 듣고, 방에 뛰어 들어갔죠. 저는 불을 켰고 그의 목에 칼이 꽂혀 있는 걸 봤습니다." 아내가 말하기를, "나는 정원에 있었고, 아무것도 보지 못했어요." 누가 그랬을까?

Answers 1b 2c 3d 4a

DAY 21

›› promise not to tell anybody 누구에게도 말하지 않기로 약속하다

401 promise [prámis]
동 약속하다 명 약속
He **promised** to help us. 그는 우리를 돕겠다고 약속했다.
keep/break a **promise** 약속을 지키다/어기다

402 tell [tel]
동 (told-told) 말하다, 이야기하다
Did he **tell** you his name? 그가 당신에게 자신의 이름을 말해주었나요?
Tell us about your dream. 우리에게 네 꿈에 대해 이야기해줘.

403 anybody [énibàdi]
대 1 |부정문·의문문| 누구, 누군가 2 |긍정문| 누구든 동 anyone
Is **anybody** home? 집에 누구 있어요?
Anybody can borrow the book. 누구든 그 책을 빌릴 수 있다.

›› happy memories of the past 과거의 행복한 기억들

404 happy [hǽpi]
형 행복한
The kids always look **happy**. 그 아이들은 항상 행복해 보인다.
happily 부 행복하게   happiness 명 행복

405 memory [méməri]
명 1 기억(력) 2 추억
I have a good/bad **memory**. 나는 기억력이 좋다/나쁘다.
childhood **memories** 어린 시절의 추억들

406 of [əv]
전 ~의(어떤 사람이나 사물에게 속한 또는 그와 관련된)
She was the Queen **of** England. 그녀는 영국의 여왕이었다.
the leg **of** a table 탁자의 다리

407 past [pæst]
형 과거의; (얼마 전에) 지난 명 과거
We will remember his **past** life. 우리는 그의 과거의 삶을 기억할 것이다.
for the **past** few weeks 지난 몇 주 동안
참고 present 현재(의)   future 미래(의)

» not finish your homework yet 숙제를 아직 끝내지 않았다

408 finish [fíniʃ]
통 끝나다; 끝내다 ❋ end
The movie **finished** at 10:30. 그 영화는 10시 30분에 끝났다.
When do you **finish** work? 당신은 언제 일을 마치나요?

409 homework [hóumwə̀ːrk]
명 숙제
Did you do your **homework**? 너는 숙제를 했니?

410 yet [jet]
부 1 |부정문| 아직 2 |의문문| 벌써, 이미
I am not ready **yet**. 난 아직 준비가 안 되었다.
Did they leave **yet**? 그들은 이미 떠났나요?

» see the North Star on a clear night 맑은 밤에 북극성을 보다

411 see [siː]
통 (saw-seen) 1 보다 2 알다, 이해하다
It is too dark to **see** anything. 너무 어두워서 아무것도 안 보인다.
I **see** what you mean. 네 말이 무슨 의미인지 알겠어.

412 north [nɔːrθ]
명 (the ~) 북쪽 형 북쪽의
The wind blew from the **north**. 바람이 북쪽에서 불어왔다.
the **north** side of the building 건물의 북쪽 면

413 south [sauθ]
명 (the ~) 남쪽 형 남쪽의
Which way is **south**? 어느 쪽이 남쪽이지?
live in **South** Korea 남한에 살다

> **Word Link**
> '북쪽(north)'의 반대 방향은 '남쪽(south)'이에요.

414 star [staːr]
명 1 별 2 (가수·배우·운동선수 등의) 스타
The sky was filled with **stars**. 하늘이 별로로 가득했다.
She is a Hollywood **star**. 그녀는 할리우드 스타이다.

415 clear [kliər]
형 1 분명한 2 맑은, 투명한 ↔ cloudy
The question is **clear** and simple. 그 질문은 분명하고 간단하다.
swim in the **clear** water 맑은 물에서 수영하다

주제: 옷과 소재

416 cotton [kátn]
명 1 목화 2 면(직물)
The farmer grows **cotton**. 그 농부는 목화를 재배한다.
The shirt is 100% **cotton**. 그 셔츠는 100% 면이다.

417 clothing [klóuðiŋ]
명 (집합적) 옷[의류]
Always wear warm **clothing** in cold weather.
추운 날씨에는 항상 따뜻한 옷을 입어라.

418 glove [glʌv]
명 장갑
Those **gloves** look warm. 저 장갑은 따뜻해 보인다.
a pair of **gloves** 장갑 한 켤레

419 closet [klázit]
명 벽장
She hung her dress in the **closet**. 그녀는 벽장에 드레스를 걸어 두었다.

420 put on
~을 입다[신다/쓰다] ⊕ take off
He **put on** his new jacket. 그는 새로 산 재킷을 입었다.

Word Link  Types of Directions

 north

 south

- Read and complete the sentences.

  1 The _____ Star can be used as a compass.

  2 Many birds fly to the _____ in the winter.

Answers 1 North 2 south

DAILY TEST

정답 p.152

[01~05] 다음 주어진 철자의 순서를 바로잡은 후 알맞은 의미와 연결하세요.

01 stap   → _____ •   • ⓐ 분명한; 맑은, 투명한

02 alecr   → _____ •   • ⓑ 말하다, 이야기하다

03 letl   → _____ •   • ⓒ 과거의; (얼마 전에) 지난; 과거

04 toush   → _____ •   • ⓓ 기억(력); 추억

05 remoym → _____ •   • ⓔ 남쪽; 남쪽의

[06~10] 다음 빈칸에 알맞은 말을 골라 쓰세요.

> homework   finished   see   anybody   stars

06 It is too dark to _____ anything.

07 The movie _____ at 10:30.

08 Did you do your _____?

09 _____ can borrow the book.

10 The sky was filled with _____.

옷과 소재

[11~15] 다음 빈칸에 알맞은 말을 넣어 단어맵을 완성하세요.

11 _____ 장갑

12 _____ 면(직물)

13 _____ 옷[의류]

14 _____ 벽장

15 _____ ~을 입다[신다/쓰다]

DAY 21 • 103

DAY 22

>> **easily pass** the **test** 시험을 쉽게 통과하다

421 easily [í:zili]
- 부 쉽게, 수월하게
- We found the house **easily**. 우리는 쉽게 그 집을 찾았다.
- **easy** 형 쉬운

422 pass [pæs]
- 동 1 지나가다, 통과하다 2 합격하다 반 fail
- A ship **passed** under the bridge. 배 한 척이 다리 아래로 지나갔다.
- She **passed** the math test. 그녀는 수학시험을 통과했다.

423 test [test]
- 명 1 검사 유 exam 2 시험 유 exam
- I had a blood **test**. 나는 피검사를 받았다.
- study for a **test** 시험 공부를 하다

>> a **fantastic magic show** 환상적인 마술 쇼

424 fantastic [fæntǽstik]
- 형 환상적인, 멋진 유 wonderful
- She is a **fantastic** dancer. 그녀는 환상적인 춤꾼이다.
- a **fantastic** beach 멋진 해변

425 magic [mǽdʒik]
- 명 마법, 마술 형 마법[마술]의
- A wizard can do **magic**. 마법사는 마술을 할 수 있다.
- have a **magic** power 마법의 힘을 가지다

426 magician [mədʒíʃən]
- 명 마술사
- The **magician** pulled a rabbit out of a hat. 마술사는 모자에서 토끼를 꺼냈다.

Word Link
'magic(마술)'에 '-ian(~에 대한 전문가)'을 붙이면, 마술에 대한 전문가를 뜻하는 magician이 돼요.

427 show [ʃou]
- 동 (showed-shown) 보여주다 명 쇼, 공연물
- He **showed** us his family pictures. 그는 우리에게 자신의 가족 사진들을 보여주었다.
- The **show** starts at 7 p.m. 쇼는 오후 7시에 시작합니다.

›› roll/slide down a tall hill 높은 언덕 아래로 굴러가다/미끄러져가다

428 roll [roul]

동 구르다; 굴리다

A large stone **rolled** down the mountain.
큰 돌멩이 하나가 산 아래로 굴러 내려갔다.

The boy is **rolling** a ball. 그 소년은 공을 굴리고 있다.

429 slide [slaid]

동 (slid-slid) 미끄러지다 명 미끄럼틀

I **slid** and fell on the ice. 나는 미끄러져 얼음 위에 넘어졌다.

go down the **slide** 미끄럼틀을 타다

430 down [daun]

부 아래로, 낮은 쪽으로 반 up   전 ~ 아래로 반 up

The sun is going **down**. 해가 지고 있다.

down the street 길 아래로

431 tall [tɔːl]

형 키가 큰, 높은 반 short

Basketball players are usually **tall**. 농구선수들은 보통 키가 크다.

a **tall** building 높은 건물

432 hill [hil]

명 언덕, (낮은) 산

We climbed to the top of the **hill**. 우리는 언덕 꼭대기까지 올라갔다.

›› jump over a fence 울타리를 뛰어넘다

433 jump [dʒʌmp]

동 뛰다, 뛰어오르다 명 뛰기, 뛰어오름

The children **jump** up and down. 그 아이들이 깡충깡충 뛴다.

the long **jump** 멀리뛰기

434 over [óuvər]

전 1 ~ 위에[로] 반 under 2 (수 등이) ~ 넘는 반 under

The sun came up **over** the mountain. 산 위로 태양이 솟아올랐다.

for **over** an hour 한 시간 넘게

435 fence [fens]

명 울타리

We built a **fence** around our house.
우리는 우리 집 주변에 울타리를 세웠다.

주제 기분과 감정

436 sad [sæd]
형 슬픈
I was **sad** when my dog died. 내 개가 죽었을 때, 나는 슬펐다.

437 lonely [lóunli]
형 외로운, 쓸쓸한
I feel **lonely** without my family. 나는 가족이 없이는 외롭다.

438 proud [praud]
형 자랑스러워하는, 자랑스러운
He was **proud** of his good grades.
그는 자신의 좋은 성적을 자랑스러워했다.
Plus+ · be proud of ~을 자랑스러워하다

439 cry [krai]
동 1 울다 2 외치다
A baby is **crying** loudly. 아기가 큰소리로 울고 있다.
cry out for help 도와 달라고 외치다

440 be happy with
~에 만족하다, ~에 기뻐하다
Are you **happy with** your birthday party?
너는 너의 생일 파티에 만족하니?

Word Link — Nouns with the -ian Ending

skill → job
magic → magic**ian**

- Read and complete the sentences.

1 The _____ changed a bird into a rose.

2 The bad queen used _____ to hurt the princess.

Answers 1 magician 2 magic

DAILY TEST

정답 p.152

[01~08] 다음 우리말과 같은 뜻이 되도록 빈칸에 알맞은 단어를 쓰세요.

01 공을 굴리다 _____ a ball
02 환상적인 춤꾼 a _____ dancer
03 피검사를 받다 have a blood _____
04 울타리를 세우다 build a _____
05 마법의 힘을 가지다 have a _____ power
06 멀리뛰기 the long _____
07 미끄럼틀을 타다 go down the _____
08 언덕 꼭대기 the top of the _____

[09~12] 다음 밑줄 친 부분의 반의어를 골라 연결하세요.

09 She passed the math test. • • ⓐ under
10 Basketball players are usually tall. • • ⓑ up
11 The sun came up over the mountain. • • ⓒ short
12 The sun is going down. • • ⓓ failed

기분과 감정

[13~17] 다음 빈칸에 알맞은 말을 넣어 단어맵을 완성하세요.

13 _____ 울다
14 _____ 외로운, 쓸쓸한
15 _____ 슬픈
16 _____ 자랑스러운
17 _____ _____ ~에 만족하다, ~에 기뻐하다

DAY 22 • 107

DAY 23

›› learn a language/skill 언어를/기술을 배우다

441 learn
[ləːrn]

⑧ 배우다, 학습하다

They **learn** 20 new English words every day.
그들은 매일 20개의 새로운 영어 단어를 배운다.

442 language
[lǽŋgwidʒ]

⑨ (특정 국가 · 지역의) 언어

I speak two **languages**, English and French.
나는 영어와 프랑스어, 두 가지 언어를 구사한다.

443 skill
[skil]

⑨ 솜씨[재주]; 기술

He has a lot of **skill** as a writer. 그는 작가로서 많은 재주가 있다.
Cooking is a useful **skill**. 요리는 유용한 기술이다.

›› a tour/museum guide 여행/박물관 가이드

444 tour
[tuər]

⑨ 여행 ⑧ 여행하다, 관광하다 ⊜ travel

We went on a **tour** of Japan. 우리는 일본 여행을 갔다.
tour Europe 유럽을 관광하다

445 tourist
[túərist]

⑨ 관광객

Many **tourists** visit the Eiffel Tower every year.
매년 많은 관광객들이 에펠탑을 방문한다.

> **Word Link**
> 'tour(여행)'에 '행위자'를 나타내는 -ist를 붙이면, '여행하는 사람[관광객]'을 뜻하는 tourist가 돼요.

446 museum
[mjuːzíːəm]

⑨ 박물관, 미술관

The children visited a history **museum**.
그 아이들은 역사 박물관을 방문했다.

447 guide
[gaid]

⑨ 안내인[가이드] ⑧ 안내하다

Don't go there without a **guide**. 안내인 없이 거기 가지 마라.
guide people around a city 사람들을 도시 이곳저곳으로 안내하다

» afraid of insects/wild animals 곤충을/야생 동물을 무서워하는

448 afraid [əfréid]
형 두려워하는, 겁내는 ((of)) ⊕ scared
She is **afraid** of spiders. 그녀는 거미를 무서워한다.
Don't be **afraid**. 겁내지 마.

449 insect [ínsekt]
명 곤충 ⊕ bug
Insects usually have six legs. 곤충들은 보통 여섯 개의 다리를 가지고 있다.

450 wild [waild]
형 야생의
Where do the **wild** flowers grow? 야생화는 어디에서 자라나요?
a **wild** rabbit 야생 토끼

451 animal [ǽnəməl]
명 동물, 짐승
We saw many **animals** at the zoo. 우리는 동물원에서 많은 동물들을 보았다.
plants and **animals** 동식물

» solve a difficult problem/riddle 어려운 문제를/수수께끼를 풀다

452 solve [salv]
동 (문제를) 해결하다, 풀다
Wars never **solve** anything. 전쟁은 결코 어떤 것도 해결하지 못한다.
solve a puzzle 퍼즐을 풀다
solution 명 해법, 해결책; 해답

453 difficult [dífikʌlt]
형 어려운 ⊕ hard ⊕ easy
Was the exam very **difficult**? 그 시험은 매우 어려웠나요?
difficulty 명 어려움, 곤경

454 problem [prábləm]
명 1 문제, 어려움 2 (시험 등의) 문제 ⊕ question
If you have any **problems**, give me a call.
어떤 문제가 있으면, 내게 전화해.
a math **problem** 수학 문제

455 riddle [rídl]
명 수수께끼
Stop talking in **riddles**. 수수께끼 같은 얘기 그만해.

DAY 23 • 109

주제: 예의범절

456 sorry [sɔ́ːri]
형 1 미안한 2 유감스러운
I'm **sorry** about the mistake. 실수해서 미안합니다.
I'm **sorry** to hear that your dog died.
네 개가 죽었다는 것을 듣게 되어 유감이다.

457 polite [pəláit]
형 예의 바른, 공손한 반 rude
Be **polite** to older people. 나이 많은 분들에게 예의 바르게 행동해라.
politely 부 공손하게

458 ask [æsk]
동 1 묻다, 물어보다 2 부탁하다, 요청하다
Can I **ask** you a question? 너에게 질문을 하나 해도 될까?
He **asked** me to help. 그는 내게 도와 달라고 부탁했다.

459 shout [ʃaut]
동 소리치다, 외치다
The angry man **shouted** at me. 그 화가 난 남자가 내게 소리를 질렀다.

460 all the time
늘, 항상 유 always
Be nice to everyone **all the time**. 항상 모두에게 친절해라.

Word Link — Nouns with the *-ist* Ending

activity
tour →

person
tourist

- Read and circle the correct word.

1 Paris is full of (tour / tourists) in summer.

2 We took a (tour / tourist) of the museum.

Answers 1 tourists 2 tour

DAILY TEST

정답 p.152

[01~12] 영어는 우리말로, 우리말은 영어로 쓰세요.

01 tourist _____
02 afraid _____
03 language _____
04 riddle _____
05 problem _____
06 shout _____
07 박물관, 미술관 _____
08 야생의 _____
09 곤충 _____
10 솜씨[재주]; 기술 _____
11 배우다, 학습하다 _____
12 늘, 항상 _____

[13~17] 다음 빈칸에 알맞은 말을 골라 쓰세요.

> solve   tour   polite   difficult   guide

13 We went on a _____ of Japan.
14 Was the exam very _____?
15 Wars never _____ anything.
16 Don't go there without a _____.
17 Be _____ to older people.

예의범절
[18~22] 다음 빈칸에 알맞은 말을 넣어 단어맵을 완성하세요.

18 _____ 소리치다, 외치다
19 _____ 예의 바른, 공손한
20 _____ 미안한; 유감스러운
21 _____ 부탁하다, 요청하다
22 _____ the _____ 늘, 항상

DAY 23 • 111

DAY 24

>> make **noise** in a **classroom** 교실에서 떠들다

461 noise
[nɔiz]

명 (시끄러운) 소리, 소음

There was a lot of **noise** outside. 밖이 매우 시끄러웠다.

the **noise** between apartments 아파트 층간 소음

noisy 형 시끄러운, 떠들썩한

462 classroom
[klǽsrùːm]

명 교실, 강의실

The teacher entered the **classroom**.
선생님이 교실에 들어왔다.

463 library
[láibrèri]

명 도서관

I borrowed a book from the **library**.
나는 도서관에서 책 한 권을 빌렸다.

Word Link
학교 내 시설로, 온갖 종류의 책이 모여 있는 '도서관'을 가리켜 library라고 해요.

>> have **enough time** to **study/relax** 공부할/쉴 시간이 충분하다

464 enough
[inʌ́f]

형 충분한 부 충분히

I have **enough** money. 나는 충분한 돈을 가지고 있다.

The meat wasn't cooked **enough**. 그 고기는 충분히 익지 않았다.

465 time
[taim]

명 **1** 시각; 시간 **2** (어떤 일이 있는) 때, 번

What **time** is it now? 지금 몇 시야?

Have a good **time**! 좋은 시간 보내!

three **times** a day 하루에 세 번

466 study
[stʌ́di]

동 공부하다; 연구하다 명 공부; 연구

I am **studying** for my exams. 나는 시험 공부 중이다.

a **study** of wild plants 야생 식물에 관한 연구

467 relax
[rilǽks]

동 (느긋이) 쉬다

I just want to sit down and **relax**. 나는 그냥 앉아서 쉬고 싶다.

» a member/captain of a team 팀의 멤버/주장

468 member [mémbər]
명 일원, 회원
Are you a **member** of the tennis club? 당신은 테니스 클럽의 회원인가요?

469 captain [kǽptin]
명 1 선장, 기장 2 (특히 스포츠 팀의) 주장
He is the **captain** of this ship. 그는 이 배의 선장이다.
Nancy is the **captain** of her basketball team.
낸시는 농구팀의 주장이다.

470 team [ti:m]
명 (경기 등의) 팀; (일을 함께 하는) 팀[조(組)]
Why don't you join our soccer **team**? 우리 축구팀에 들어오지 않을래?
the sales **team** 영업팀

» jog along the beach every week 매주 해변을 따라 조깅하다

471 jog [dʒag]
동 조깅하다
She **jogs** four kilometers a day. 그녀는 하루에 4km씩 조깅한다.
go **jogging** 조깅을 하다[조깅하러 가다]

472 along [əlɔ́:ŋ]
전 ~을 따라
We walked slowly **along** the road.
우리는 그 길을 따라 천천히 걸었다.

473 beach [bi:tʃ]
명 해변, 바닷가
Let's go to the **beach** and swim. 해변에 가서 수영하자.

474 every [évri]
형 1 모든 2 매~, ~마다
I know **every** student in the school. 나는 교내의 모든 학생들을 안다.
The girl goes to church **every** Sunday. 그 소녀는 일요일마다 교회에 간다.

475 week [wi:k]
명 주, 일주일
It rained a lot last **week**. 지난주에 비가 많이 왔다.
He was absent from school for a **week**. 그는 일주일간 학교에 결석했다.

주제: 자연 경관

476 jungle [dʒʌ́ŋgl]
명 밀림, 정글
The lion is the king of the **jungle**. 사자는 밀림의 왕이다.
the Amazon **jungle** 아마존 정글

477 cave [keiv]
명 동굴
A large bear was sleeping in the **cave**.
커다란 곰 한 마리가 그 동굴에서 잠을 자고 있었다.

478 sunlight [sʌ́nlàit]
명 햇빛, 햇살
The **sunlight** hurts my eyes. 햇빛이 내 눈을 아프게 한다.
bright **sunlight** 밝은 햇살

479 waterfall [wɔ́ːtərfɔ̀ːl]
명 폭포
What is the world's largest **waterfall**?
세계에서 가장 큰 폭포는 무엇인가요?

480 run away
도망가다
The rabbit **ran away** from the fox. 그 토끼는 여우로부터 도망갔다.

Word Link — School Rooms and Places

school

classroom

library

- Read and circle the correct answer.

  1 You have (lessons / movies) in a classroom at a school.

  2 You (read a book / play music) in a library.

Answers 1 lessons 2 read a book

DAILY TEST

정답 pp.152~153

[01~10] 영어는 우리말로, 우리말은 영어로 쓰세요.

01 relax _____
02 along _____
03 noise _____
04 enough _____
05 beach _____
06 모든; 매~, ~마다 _____
07 도서관 _____
08 일원, 회원 _____
09 교실, 강의실 _____
10 도망가다 _____

[11~16] 다음 빈칸에 알맞은 말을 골라 쓰세요.

| jungle   captain   team   jogs   studying   week |

11 Nancy is the _____ of her basketball team.
12 He was absent from school for a _____.
13 I am _____ for my exams.
14 She _____ four kilometers a day.
15 The lion is the king of the _____.
16 Why don't you join our soccer _____?

자연 경관

[17~21] 다음 빈칸에 알맞은 말을 넣어 단어맵을 완성하세요.

17 _____ 햇빛, 햇살
18 _____ 동굴
19 _____ 폭포
20 _____ 밀림, 정글
21 _____ 도망가다

DAY 24 • 115

DAY 25

>> **explain** the **rules** to **little** children 어린 아이들에게 규칙을 설명하다

481 **explain**
[ikspléin]

동 설명하다

The teacher **explained** the math problem.
선생님은 수학 문제를 설명해주었다.

482 **rule**
[ruːl]

명 규칙 동 통치하다

Don't break the **rules**. 그 규칙들을 어기지 마라.
The king **rules** the country. 그 왕이 나라를 통치한다.

483 **little**
[lítl]

형 1 작은 2 어린 3 (a ~) 약간의, 조금의

She has **little** feet. 그녀는 발이 작다.
He is too **little** to go to school. 그는 너무 어려서 학교에 갈 수 없다.

참고 **a few** 몇몇의, 조금의

>> **as** the **bell**/**phone rings** 종이/휴대폰이 울릴 때

484 **as**
[ǽz]

접 1 ~할 때, ~하면서 2 ~이기 때문에 유 because

He came in **as** I was going out. 내가 나가려 할 때 그가 들어왔다.
As she was tired, she went to bed early.
그녀는 피곤해서, 일찍 잠자리에 들었다.

485 **bell**
[bel]

명 벨[종]; 종소리

She rang the **bell**. 그녀는 벨을 울렸다.
Do you hear the church **bells**? 교회 종소리가 들리나요?

486 **phone**
[foun]

명 전화(기) 동 telephone

We talk on the **phone** every day. 우리는 매일 전화 통화를 한다.

487 **ring**
[riŋ]

명 반지 동 (rang-rung) (소리가) 울리다

She is wearing a diamond **ring**. 그녀는 다이아몬드 반지를 끼고 있다.
The phone **rang** in the kitchen. 부엌에서 전화벨이 울렸다.

speak in a calm/quiet voice 차분한/조용한 목소리로 말하다

488 speak [spiːk]
동 (spoke-spoken) 1 이야기하다, 말하다 ≒ talk 2 연설하다
Can I **speak** with you? 당신과 얘기 좀 할 수 있을까요?
John **spoke** at the meeting. 존은 그 회의에서 연설을 했다.
speech 명 연설

489 speaker [spíːkər]
명 연설가, 발표자
Martin Luther King Jr. was a great **speaker**. 마틴 루터 킹 주니어는 훌륭한 연설가였다.

Word Link
'speak(연설하다)'에 '-er(~하는 사람)'을 붙이면, '연설하는 사람'이라는 뜻의 speaker가 돼요.

490 calm [kaːm]
형 침착한, 차분한 동 진정하다; 진정시키다
Slow music makes me feel **calm**. 느린 음악은 나를 차분하게 만든다.
Calm down! We'll find him. 진정해! 우리는 그를 찾을 거야.

491 quiet [kwáiət]
형 조용한, 고요한 ↔ noisy
You should be **quiet** in the library. 도서관에서는 조용해야 한다.
quietly 부 조용히

492 voice [vɔis]
명 목소리, 음성
Keep your **voice** down. 목소리를 낮춰.

try to remember where we met 우리가 어디서 만났는지 기억하려 애쓰다

493 try [trai]
동 1 노력하다, 애쓰다 (to-v) 2 (시험 삼아) 해보다, 시도하다 (v-ing)
Try to exercise more. 운동을 더 하도록 노력해봐.
If you want to lose weight, **try** exercising more.
살을 빼고 싶으면, 운동을 더 많이 해봐.

494 remember [rimémbər]
동 기억하다 ↔ forget
I can't **remember** his name. 나는 그의 이름이 기억나지 않는다.

495 where [wɛər]
부 |의문문| 어디에[로]
Where do you live? 당신은 어디 사나요?

| 주제 | 연애와 결혼 |

496 **wedding** [wédiŋ]
명 결혼식
When is the **wedding**? 결혼식은 언제인가요?

497 **date** [deit]
명 1 날짜 2 만날 약속, (이성과의) 데이트
Have you decided your wedding **date**? 너는 네 결혼 날짜를 정했니?
I have a **date** with her. 나는 그녀와 데이트가 있다.

498 **kiss** [kis]
동 키스하다[입맞추다] 명 키스, 입맞춤
You may **kiss** the bride. 신부에게 키스해도 좋습니다.
a **kiss** on the cheek 볼에 하는 입맞춤

499 **marry** [mǽri]
동 결혼하다
Will you **marry** me? 나랑 결혼해 줄래?
get **married** 결혼하다
marriage 명 결혼

500 **fall in love (with)**
(~와) 사랑에 빠지다
They **fell in love** and got married. 그들은 사랑에 빠져서 결혼했다.

Word Link — Nouns with the -*er* Ending

action: speak → person: speak**er**

- Read and complete the sentences.

  1 She is a good _____.

  2 Can you _____ louder?

Answers 1 speaker 2 speak

DAILY TEST

정답 p.153

[01~09] 다음 우리말과 같은 뜻이 되도록 빈칸에 알맞은 단어를 쓰세요.

01 교회 종소리를 듣다   hear the church _____
02 훌륭한 연설가   a great _____
03 규칙들을 어기다   break the _____
04 다이아몬드 반지를 끼다   wear a diamond _____
05 그 회의에서 연설을 하다   _____ at the meeting
06 너의 결혼 날짜를 정하다   decide your wedding _____
07 수학 문제를 설명하다   _____ the math problem
08 발이 작다   have _____ feet
09 진정하다   _____ down

[10~12] 다음 밑줄 친 부분과 바꿔 쓸 수 있는 알맞은 표현을 골라 연결하세요.

10 Can I <u>speak</u> with you?   •   • ⓐ telephone
11 We talk on the <u>phone</u> every day.   •   • ⓑ because
12 <u>As</u> she was tired, she went to bed early.   •   • ⓒ talk

연애와 결혼

[13~17] 다음 빈칸에 알맞은 말을 넣어 단어맵을 완성하세요.

13 _____ 결혼식
14 _____ 날짜; 만날 약속, 데이트
15 _____ 키스하다[입맞추다]
16 _____ 결혼하다
17 _____ _____ _____ 사랑에 빠지다

DAY 25 • 119

REVIEW TEST   DAY 21~25

정답 p.153

A 덩어리 표현   우리말에 맞게 빈칸을 채워 핵심 표현을 완성하세요.

01 _____ not to tell _____   누구에게도 말하지 않기로 약속하다

02 _____ memories of the _____   과거의 행복한 기억들

03 not finish your _____ _____   숙제를 아직 끝내지 않았다

04 _____ the North Star on a _____ night   맑은 밤에 북극성을 보다

05 _____ pass the _____   시험을 쉽게 통과하다

06 a _____ _____ show   환상적인 마술 쇼

07 roll down a _____ _____   높은 언덕 아래로 굴러가다

08 jump _____ a _____   울타리를 뛰어넘다[울타리 너머로 뛰다]

09 _____ a _____   언어를 배우다

10 a _____ _____   여행 가이드

11 _____ of _____ animals   야생 동물을 무서워하는

12 solve a _____ _____   어려운 수수께끼를 풀다

13 make _____ in a _____   교실에서 떠들다

14 have _____ time to _____   공부할 시간이 충분하다

15 a _____ of a _____   팀의 멤버

16 _____ along the _____ every week   매주 해변을 따라 조깅하다

17 _____ the rules to _____ children   어린 아이들에게 규칙을 설명하다

18 _____ the _____ rings   휴대폰이 울릴 때

19 speak in a _____ _____   차분한 목소리로 말하다

20 _____ to remember _____ we met   우리가 어디서 만났는지 기억하려 애쓰다

120

B 주제별 어휘 — 우리말에 맞게 빈칸을 채워 문장을 완성하세요.

옷과 소재

01 Always wear warm _____ in cold weather.
추운 날씨에는 항상 따뜻한 옷을 입어라.

02 She hung her dress in the _____.
그녀는 벽장에 드레스를 걸어 두었다.

기분과 감정

03 I feel _____ without my family.
나는 가족이 없이는 외롭다.

04 He was _____ of his good grades.
그는 자신의 좋은 성적이 자랑스러웠다.

예의범절

05 I'm _____ to hear that your dog died.
네 개가 죽었다는 것을 듣게 되어 유감이다.

06 Be _____ to older people.
나이 많은 분들에게 예의 바르게 행동해라.

자연 경관

07 A large bear was sleeping in the _____.
커다란 곰 한 마리가 그 동굴에서 잠을 자고 있었다.

08 What is the world's largest _____?
세계에서 가장 큰 폭포는 무엇인가요?

연애와 결혼

09 Have you decided your wedding _____?
너는 네 결혼 날짜를 정했니?

10 When is the _____?
결혼식은 언제인가요?

C Word Link — 다음 문맥에 알맞은 표현을 고르세요.

01 She is a good (speak / speaker).

02 The bad queen used (magic / magician) to hurt the princess.

03 The (North / South) Star can be used as a compass.

04 I borrowed the book from the (classroom / library).

05 We took a (tour / tourist) of the museum.

영어 이야기

잉글리시? 콩글리시?

English

노트북 laptop

휴대용 컴퓨터를 한국에서는 노트북이라고 하죠. 하지만 영어권에서는 노트북이라고 하면, 컴퓨터가 아닌 종이로 된 노트북, 즉 공책으로 알아듣게 돼요. 올바른 영어표현은 laptop이에요. Laptop은 무릎(lap) 위에(top) 놓고 쓴다고 해서 '랩탑'이라고 해요.

에어컨 A/C 또는 air conditioner

에어컨은 air conditioner의 준말이에요. '에어 컨디셔너'가 너무 길다면 그냥 간단하게 A/C(에이씨)라고 하면 돼요.

아파트 apartment

아파트 또한 apartment의 줄임말이에요. 하지만 영어권 국가에서는 통하지 않는 한국식 줄임말이죠. apart라는 단어는 '떨어져 있는'이라는 뜻이기 때문에, 원어민들이 단어의 뜻을 잘못 이해하고 오해할 수 있다는 점 기억하세요.

맨투맨 티셔츠 sweat shirt

추리닝처럼 위에 입는 건 한국에서 맨투맨이라는 단어를 많이 쓰죠. 하지만 맨투맨이라는 단어는 영어권에서는 쓰지 않는 단어예요. sweat shirt라고 해야 올바른 표현이에요. 땀을 흘릴 수 있는 셔츠라는 거죠. 참고로 추리닝 바지는 sweat pants라고 하고, 모자가 달린 후드티는 hoodie라고 해요.

Part 2

DAY 26~30
다양한 유형의 어휘

DAY 26

다의어 1 >> 의외의 뜻을 갖고 있는 어휘

501 **bank** [bæŋk]

명 1 은행
I need to go to the **bank**. 나는 은행에 가야 한다.

명 2 둑, 제방
We walked along the river **bank**.
우리는 강둑을 따라 걸었다.

502 **pretty** [príti]

형 예쁜 ㉤ beautiful
You look **pretty** in that jacket.
네가 그 재킷을 입으니 예뻐 보여.

부 꽤; 매우 ㉤ quite
It's **pretty** cold outside. 밖이 꽤 춥다.

503 **fan** [fæn]

명 1 (스포츠·배우 등의) 팬
I'm a big sports **fan**. 나는 엄청난 스포츠 팬이다.

명 2 부채; 선풍기
It's too hot! Can I borrow your **fan**?
너무 더워! 네 부채 좀 빌려 줄래?

504 **save** [seiv]

동 1 (위험 등에서) 구하다
The firefighter **saved** a child from the fire.
그 소방관은 화재에서 아이를 구했다.

동 2 (돈을) 모으다, 저축하다
I am **saving** money for a bike. 나는 자전거를 사려고 저축하고 있다.

505 **watch** [watʃ]

동 보다
Are you **watching** TV now? 너는 지금 TV를 보고 있니?

명 손목시계
She is wearing a **watch**. 그녀는 시계를 차고 있다.

참고 clock (벽에 걸거나 실내에 두는) 시계

다의어 2 >> 뜻이 확장되는 어휘

506 gift [gift]

명 **1** 선물 🟰 present
I gave her a **gift** on her birthday.
나는 그녀의 생일에 그녀에게 선물을 주었다.

명 **2** (하늘에서 내려준 선물) 재능, 재주
The boy has a **gift** for music. 그 소년은 음악에 재능이 있다.

507 face [feis]

명 얼굴
I have a round **face**. 나는 얼굴이 둥글다.

동 (얼굴을 향하다) 마주보다[향하다]
He turned and **faced** me. 그는 돌아서서 나를 마주보았다.
Our hotel room **faces** the sea. 우리 호텔 방은 바다를 향하고 있다.

508 hand [hænd]

명 손
Wash your **hands** before dinner. 저녁 먹기 전에 손을 씻어라.

동 (손으로 전달하다) 건네다
Will you **hand** me an orange, please?
내게 오렌지 하나를 건네주실래요?

509 dress [dres]

명 드레스
She wore a long white **dress**. 그녀는 긴 흰색 드레스를 입었다.

동 (드레스 등의 옷을 착용하다) 옷을 입다[입히다]
He **dressed** quickly. 그는 서둘러 옷을 입었다.
She **dressed** her son in his best shirt.
그녀는 아들에게 가장 좋은 셔츠를 입혔다.

510 draw [drɔː]

동 (drew-drawn) **1** (마차 등을) 끌다
The big cart was **drawn** by two horses.
그 큰 수레를 두 마리의 말이 끌었다.

동 **2** (펜을 종이 위에 끌다) 그리다
He **drew** a picture of the bike. 그는 자전거 그림을 그렸다.

> **Word Tip**
> '당겨서 움직이게 하다'라는 기본 의미를 가지고 있어요.

DAY 26 • 125

다의어 3 >> 다양한 뜻을 갖고 있는 어휘

511 back [bæk]

- 부 **1** 뒤로
- **2** (뒤로 되돌아가다) 다시, 돌아가[와]서

He turned and looked **back**. 그는 몸을 돌려 뒤를 보았다.
I will be **back** soon. 곧 다시 올게요.

- 명 뒤쪽, 뒷부분 반 front

Look at the **back** of this paper.
이 종이의 뒷면을 봐라.

512 close [klouz]

- 동 닫다 반 open

Close the door. 문을 닫아라.

- 형 [klóus] **1** (거리가) 가까운 유 near
- **2** (마음의 거리가 가깝다) 친한

Where is the **closest** bank from here?
여기에서 가장 가까운 은행은 어디인가요?
She is my **close** friend. 그녀는 내 친한 친구다.

513 fly [flai]

- 동 (flew-flown) **1** (새·곤충이) 날다
- **2** 비행기로 가다, 비행하다

Insects are **flying** over the water. 곤충들이 물 위를 날고 있다.
They **flew** to London. 그들은 비행기로 런던에 갔다.

- 명 파리

There are many **flies** in the house.
그 집에는 파리가 많다.

Word Tip
고대 영어 fleoge(=날개 달린 곤충)에서 유래해요.

514 get [get]

- 동 (got-gotten) **1** 받다
- **2** 얻다, 구하다
- **3** 가져오다

I **got** a card from my grandmother.
나는 할머니로부터 카드 한 장을 받았다.
He needs to **get** a new job. 그는 새 직장을 구해야 한다.
Will you **get** a drink for Jane? 네가 제인에게 마실 것 좀 갖다 줄래?

Word Tip
'갖는다'는 기본 의미를 가지고 있어요. 참고로, 「get to + 장소」는 '~에 도착하다'라는 의미예요.

515	**hard** [haːrd]	형 1 단단한, 딱딱한 반 soft
		2 (단단하여 어떤 것을 변형하기 힘든) 어려운 유 difficult 반 easy

I fell on the **hard** stone floor. 나는 딱딱한 돌바닥에 넘어졌다.
Math is a **hard** subject for me. 수학은 내게 어려운 과목이다.

부 열심히

He worked **hard** on the farm. 그는 농장에서 열심히 일했다.

516	**lesson** [lésn]	명 1 수업 (시간)
		2 (교재의) 과
		3 교훈

I am taking piano **lessons**. 나는 피아노 수업을 받고 있다.
This book has 12 **lessons**. 이 책은 12과로 되어 있다.
learn a **lesson** 교훈을 얻다

DAILY TEST

정답 p.153

[01~07] 다음 문장을 읽고, 밑줄 친 부분의 뜻을 쓰세요.

01 We walked along the river <u>bank</u>. 뜻: _____

02 She <u>dressed</u> her son in his best shirt. 뜻: _____

03 I will be <u>back</u> soon. 뜻: _____

04 I'm taking piano <u>lessons</u>. 뜻: _____

05 The boy has a <u>gift</u> for music. 뜻: _____

06 He turned and <u>faced</u> me. 뜻: _____

07 There are many <u>flies</u> in the house. 뜻: _____

[08~10] 다음 밑줄 친 부분의 유의어 또는 반의어를 고르세요.

08 I fell on the <u>hard</u> stone floor. [반의어] ⓐ easy ⓑ soft

09 Where is the <u>closest</u> bank from here? [유의어] ⓐ open ⓑ nearest

10 It's <u>pretty</u> cold outside. [유의어] ⓐ quite ⓑ beautiful

DAY 26

DAY 27

다의어 1 >> 의외의 뜻을 갖고 있는 어휘

517 bat [bæt]

명 **1** 방망이, 배트
The baseball player hit a ball with a **bat**.
그 야구 선수는 배트로 공을 쳤다.

명 **2** 박쥐
Bats live in a dark cave. 박쥐는 어두운 동굴에서 산다.

518 run [rʌn]

동 (ran-run) **1** 달리다[뛰다]
How fast can you **run**? 당신은 얼마나 빨리 달릴 수 있나요?

동 **2** 경영[운영]하다
He **ran** a shoe store for twenty years.
그는 20년간 신발 가게를 운영했다.

519 case [keis]

명 **1** 상자, 케이스
Put your glasses in the **case**. 너의 안경을 케이스 안에 넣어라.

명 **2** 경우, 상황
In this **case**, you made a mistake.
이 경우에는, 네가 잘못을 한 것이다.

520 kind [kaind]

형 친절한
Lisa always helps me. She's a very **kind** person.
리사는 항상 나를 도와 준다. 그녀는 매우 친절한 사람이다.

명 종류 ⊕ type
This cafe has three **kinds** of cake.
이 카페에는 세 가지 종류의 케이크가 있다.

521 sign [sain]

명 표지판, 간판
Didn't you see that stop **sign**?
너는 저 '일단 정지' 표지판을 보지 못했니?

동 (서류·편지 등에) 서명하다
Sign your name here, please. 여기에 서명을 해 주세요.

다의어 2 >> 뜻이 확장되는 어휘

522 ship
[ʃip]

명 (큰) 배, 선박
He will travel by **ship**. 그는 배로 여행을 할 것이다.

동 (배로 보내다) 배로 나르다, 수송하다
ship cars to Europe
자동차를 유럽으로 실어 나르다

523 place
[pleis]

명 장소
Put your key in a safe **place**. 네 열쇠를 안전한 장소에 둬라.

동 (어떤 장소에 있게 하다) 놓다[두다] ㈜ put
I carefully **placed** the cup on the table.
나는 조심스럽게 그 컵을 탁자 위에 놓았다.

524 head
[hed]

명 머리, 고개
The dog has long fur and a big **head**.
그 개는 털이 길고 머리가 크다.
She turned her **head** and looked at the clock.
그녀는 고개를 돌려 시계를 보았다.

동 (머리를 어느 한 쪽으로 들이밀고 가다) 향하다[가다]
We **headed** for the door. 우리는 그 문 쪽으로 향했다.

525 bright
[brait]

형 1 빛나는, 밝은
Look at that **bright** star in the sky. 하늘에 저 빛나는 별을 봐.
a **bright** room 밝은 방

형 2 (두뇌가 빛나는) 영리한 ㈜ smart
Alex is a **bright** child. 알렉스는 영리한 아이다.

526 grade
[greid]

명 1 학년
Chris is in second **grade**. 크리스는 2학년이다.

명 2 (각 학년의 결과물) 성적
He got a good **grade** on the history test.
그는 역사 시험에서 좋은 성적을 받았다.

DAY 27 • 129

다의어 3 » 다양한 뜻을 갖고 있는 어휘

527 form
[fɔːrm]

Word Tip
라틴어 'formo(=형태)'에서 유래해요.

명 1 종류, 유형 ㉠ type
2 (문서의 형태) (문서의) 서식

Heat is a **form** of energy. 열은 에너지의 한 종류이다.
Fill out the **form** please. 그 서식을 작성해주세요.

동 (어떤 형태를 만들다) 형성하다

The children **formed** a line outside the classroom.
그 아이들은 교실 밖에 한 줄로 섰다.

528 fall
[fɔːl]

동 (fell-fallen) 1 떨어지다
2 (땅으로 떨어지다) 넘어지다, 쓰러지다

An apple **fell** from the tree. 사과 한 개가 나무에서 떨어졌다.
I **fell** and hit my head. 나는 넘어져서 머리를 부딪쳤다.

명 (잎사귀가 떨어지는 계절) 가을 ㉠ autumn

Leaves change color in the **fall**.
나뭇잎은 가을에 색이 변한다.

529 take
[teik]

Word Tip
'내 것으로 취하다'라는 기본 의미를 가지고 있어요.

동 (took-taken) 1 (물건 등을 취하다) 가져가다
2 (내 손 안에 취하다) 잡다[집다]
3 (시간을 취하다) (시간이) 걸리다

That dog **took** my shoe! 저 개가 내 신발을 가져갔어!
He **took** her hand and ran into the forest.
그는 그녀의 손을 잡고 숲으로 달려 들어갔다.
It **takes** an hour to get there. 거기 도착하는 데 1시간이 걸린다.

530 break
[breik]

동 (broke-broken) 1 깨다, 부수다
2 (규칙·약속을 깨다) 어기다

Somebody **broke** the window. 누군가가 그 창문을 깼다.
You **broke** your promise. 너는 네 약속을 어겼다.

명 (계속 이어지는 시간을 깨뜨려 중간에 쉬는 것) (짧은) 휴식

Let's take a **break**. 잠깐 휴식을 취하자.

531 **play** [plei]

동 1 놀다
2 (선수들이 경기장에서 놀다) (특정 경기를) 하다
3 (음악가들이 공연장에서 놀다) 연주하다

A girl is **playing** with dolls. 소녀가 인형을 가지고 놀고 있다.
Let's **play** soccer. 축구를 하자.
He **plays** the guitar very well. 그는 기타 연주를 매우 잘한다.

532 **right** [rait]

형 1 맞는, 정확한 유 correct 반 wrong
2 (도덕적으로) 옳은, 올바른 반 wrong
3 오른쪽의 반 left

Word Tip
인구의 다수를 차지하는 오른손잡이가 '옳고', 그 방식이 '맞다'는 과거의 인식에 바탕을 두고 있어요.

Yes, that is the **right** answer. 그래, 그것이 정답이다.
It's not **right** to break the rules. 규칙을 어기는 것은 옳지 않다.
your **right** hand 너의 오른손

DAILY TEST

정답 p.153

[01~06] 다음 빈칸에 알맞은 말을 골라 쓰세요.

| break | headed | sign | formed | plays | took |

01 He _____ her hand and ran into the forest.

02 Let's take a _____.

03 Didn't you see that stop _____?

04 He _____ the guitar very well.

05 The children _____ a line outside the classroom.

06 We _____ for the door.

[07~09] 다음 밑줄 친 부분의 유의어 또는 반의어를 고르세요.

07 It's not <u>right</u> to break the rules. [반의어] ⓐ wrong ⓑ left

08 Alex is a <u>bright</u> child. [유의어] ⓐ light ⓑ smart

09 This cafe has three <u>kinds</u> of cake. [유의어] ⓐ types ⓑ nice

DAY 28

관용표현 >> 습관처럼 써서 굳어진 표현들

533	**living room** [líviŋ ruːm]	명 거실
534	**sky** [skai]	명 하늘
535	**son** [sʌn]	명 아들
536	**vegetable** [védʒətəbl]	명 채소
537	**mirror** [mírər]	명 거울
538	**daughter** [dɔ́ːtər]	명 딸
539	**dot** [dat]	명 점, 반점
540	**hurry** [hə́ːri]	동 서두르다 명 서두름
541	**dancer** [dǽnsər]	명 춤추는 사람, 댄서
542	**twice** [twais]	부 두 번
543	**foot** [fut]	명 (복수형 feet) 발
544	**bakery** [béikəri]	명 제과점, 베이커리
545	**brain** [brein]	명 뇌; 두뇌
546	**parent** [pɛ́ərənt]	명 (-s) 부모, 어버이
547	**moon** [muːn]	명 달
548	**sweet** [swiːt]	형 단, 달콤한
549	**tooth** [tuːθ]	명 (복수형 teeth) 이, 치아
550	**dentist** [déntist]	명 치과의사
551	**husband** [hʌ́zbənd]	명 남편
552	**driver** [dráivər]	명 운전자, 기사

pie in the sky 그림의 떡, 하늘의 별 따기

단어 뜻 그대로 하면 '하늘(sky)에 있는 파이'라는 말로, 파이가 하늘에, 공중에 있다는 것은 그야말로 그림의 떡이라는 의미이다. 즉, '이루어질 수 없는 행운', '헛된 기대'를 뜻한다.

We dream of a fashionable **living room**, but it is just pie in the **sky**; we don't have money for that.
우리는 세련된 거실을 꿈꾸지만 그것은 그림의 떡일 뿐이야. 우리에겐 그걸 위한 돈이 없어.

like father, like son 그 아버지에 그 아들[부전자전]

우리말에 '부전자전'과 같은 표현으로, 아들의 성격이나 생활 습관 따위가 아버지로부터 대물림된 것처럼 같거나 비슷함을 의미한다. 딸과 어머니가 비슷하다고 할 때는 'like mother, like daughter(모전여전)'이라고 한다.

- My **son** loves **vegetables**. Like father, like son.
- Just like her mother, Lisa can spend hours looking at herself in the **mirror**. Like mother, like **daughter**.
- 우리 아들은 채소를 너무 좋아해. 그 아버지에 그 아들이지.
- 그녀의 어머니처럼, 리사는 거울을 보면서 몇 시간을 보낼 수 있어. 그 어머니에 그 딸이야.

on the dot 정확히 시간 맞춰[제시간에], 정각에

문자 그대로 해석하면 '점(dot)에 딱 붙어서' 혹은 '점에서'라는 말이다. 작은 점에 무언가를 맞추려면 아주 정확해야 한다는 의미가 확장되어, 이것이 시간과 함께 쓰일 때, '정확히 시간을 맞춰' 또는 '정각에'라는 뜻으로 사용되는 것이다.

A Is the meeting at 2:00 PM?
B Yes. It starts at two on the **dot**, so **hurry** if you don't want to be late.
A 회의가 오후 2시야?
B 맞아. 정확히 두 시에 시간 맞춰 시작하니까, 늦기 싫으면 서둘러.

have two left feet 몸치다

feet은 'foot(발)'의 복수형으로, 직역하면 '왼발이 두 개'라는 뜻이다. 마치 두 발이 다 왼발인 것처럼 어색한 움직임을 표현하는 관용적 표현이다.

A I'm not a good **dancer**. I fell **twice** during dance class.
B I can't dance either. I have two left **feet**.

A 난 춤을 잘 못 춰. 댄스 수업 중에 두 번이나 넘어졌어.
B 나도 춤 못 춰. 난 몸치야.

pick one's brain 남의 머리[지혜]를 빌리다

직역하면 '누군가의 뇌를 뽑아 내다'라는 뜻으로, '뇌(brain)'는 곧 지혜나 지식을 상징한다. '어떤 주제에 대해 나보다 더 많은 지식을 가지고 있는 사람에게 질문을 해서 정보를 얻다'라는 의미로 사용된다.

A I want to start my own **bakery**. Since you started one last year, can I pick your **brain**?
B Of course, ask anything! I'm here to help.

A 난 내 빵집을 차리고 싶어. 네가 작년에 빵집을 시작했으니 네 조언 좀 구할 수 있을까?
B 물론이지, 뭐든 물어봐! 내가 도와줄게.

once in a blue moon 극히 드물게

거의 3년 마다 한 달에 두 번의 보름달이 뜨는데, 그 중 두 번째 달을 '블루문(blue moon)'이라 부른다. 즉, '블루문이 뜰 때 한 번'이라는 표현은 어떤 일이 매우 드물게 혹은 거의 일어나지 않는 것을 내포한다.

A How often do your **parents** visit?
B They live far away, so they only visit once in a blue **moon**.

A 너희 부모님은 얼마나 자주 방문하시니?
B 그분들은 멀리 사셔서, 극히 드물게 오실 뿐이야.

have a sweet tooth 단 것[단 음식]을 좋아하다

문자 그대로 해석하면 '단(sweet) 이빨(tooth)을 가지고 있다'라는 말로, 단 것을 좋아한다는 의미로 쓰인다.

A I have a **sweet tooth**. I especially love candy.
B Well, the **dentist** might not love that!

A 나는 단 것을 좋아해. 특히, 사탕을 너무 좋아하지.
B 글쎄, 치과의사는 그걸 안 좋아할 수도 있을걸!

a back-seat driver 계속 참견하는 사람, 잔소리꾼

back-seat은 '뒷좌석', driver는 '운전자'라는 뜻으로, 자동차의 뒷좌석에 앉아 마치 자신이 운전자인 듯 운전에 참견하는 사람을 말한다. 비유적으로 다른 사람들에게 불필요하게 이래라저래라 잔소리하는 사람을 가리킨다.

My **husband** is a terrible back-seat **driver**. He always tells me what to do when I drive.
내 남편은 심한 잔소리꾼이다. 그는 내가 운전할 때 항상 이래라저래라 한다.

DAILY TEST

정답 p.153

[01~08] 영어는 우리말로, 우리말은 영어로 쓰세요.

01 hurry _____
02 dancer _____
03 dot _____
04 driver _____
05 치과의사 _____
06 채소 _____
07 딸 _____
08 거실 _____

[09~10] 다음 문장을 읽고, 주어진 철자로 시작하는 알맞은 단어를 넣으세요.

09 My h_____ is a terrible back-seat d_____.
    내 남편은 심한 잔소리꾼이다.

10 I'm not a good dancer. I have two l_____ f_____.
    난 춤을 잘 못 춰. 난 몸치야.

DAY 29

관용표현 >> 습관처럼 써서 굳어진 표현들

553	**circle** [sə́ːrkl]	명 원
554	**angry** [ǽŋgri]	형 화난
555	**surprising** [sərpráiziŋ]	형 놀라운
556	**even** [íːvən]	부 ~도[조차]
557	**worm** [wəːrm]	명 (지렁이 등 기어다니는) 벌레
558	**sadly** [sǽdli]	부 슬프게, 불행히
559	**skin** [skin]	명 피부
560	**bone** [boun]	명 뼈
561	**ugly** [ʌ́gli]	형 못생긴, 추한
562	**hat** [hæt]	명 모자
563	**behind** [biháind]	전 ~뒤에
564	**rude** [ruːd]	형 무례한, 버릇없는 반 polite
565	**refrigerator** [rifrídʒərèitər]	명 냉장고 동 fridge
566	**rainy** [réini]	형 비가 오는
567	**wink** [wiŋk]	명 눈 깜박임 동 윙크하다
568	**afternoon** [ǽftərnùːn]	명 오후
569	**shoulder** [ʃóuldər]	명 어깨
570	**soldier** [sóuldʒər]	명 군인
571	**busy** [bízi]	형 1 바쁜 2 혼잡한
572	**lunch** [lʌntʃ]	명 점심 (식사)

go around in circles (진전이 없이) 제자리걸음을 하다, 헛수고하다

문자 그대로 해석하면 '원(circle)을 그리면서 돌다'라는 말이다. 제자리에서 원을 그리면서 돌고 있는 모습에서 나온 표현으로, 일이 진행이 되지 않고, 계속 그 자리에 머물러 있는 것을 가리킨다.

A I don't know what to do with this math problem.
B You're going around in **circles**. Let me help you out.

A 이 수학 문제를 어떡해야 할지 모르겠어.
B 너 진전이 없구나. 내가 도와줄게.

even a worm will turn 지렁이도 밟으면 꿈틀한다

직역하면 '벌레(worm)조차도 돌아 눕는다'라는 뜻이다. 여기서 벌레는 '순하고 약한 사람'을 비유적으로 표현한 것으로, 아무리 약하고 보잘것없는 사람도 업신여기면 화를 내거나 맞서 싸울 것이라는 의미이다.

A She's usually so calm, but today she got really **angry**.
B It's **surprising**, but you know what they say – **even** a **worm** will turn.

A 그녀는 평소엔 정말 침착한데, 오늘은 정말 화났더라.
B 놀랍긴 하지만, 그런 말도 있잖아. 지렁이도 밟으면 꿈틀한다고.

skin and bone (비쩍 말라) 뼈와 거죽만 남은[피골이 상접한]

'피부(skin)와 뼈(bone)'라는 뜻으로, 단어 그대로 뼈와 피부만 남아 있을 정도로 마른 상태를 말할 때 사용하는 표현이다.

A Did you see that sick cow?
B Yes. **Sadly**, it's just **skin** and **bone**.

A 너 그 아픈 소 봤어?
B 응. 슬프게도, 피골이 상접했더라.

talk behind one's back 남의 험담을 하다, 뒷담화를 하다

'누군가의 등 뒤에서(behind) 이야기한다'라는 뜻으로, 이를 우리말로 하면 누군가가 없는 곳에서 '뒷담화를 하다'로 표현해 볼 수도 있다.

A Did you see Lisa's **ugly hat**?
B Let's not talk **behind** her back. It's so **rude**.

A 너 리사의 못생긴 모자 봤어?
B 그녀에 대한 뒷담화 하지 말자. 그건 너무 무례해.

for a rainy day 만일의 경우에 대비하여

'비 오는 날(rainy day)'은 힘들고 어려운 시기를 비유한 것으로, '사정이 어려울 때를 위해', '만일의 경우에 대비하여'라는 뜻으로 쓰이는 표현이다.

A I'm using my work bonus to buy a new **refrigerator**.
B That's a good idea! I'm just saving mine for a **rainy** day.

A 난 새 냉장고 사는 데에 보너스를 쓸 거야.
B 좋은 생각이다! 나는 만일의 경우에 대비해서 돈을 그냥 모아둘 거야.

forty winks (특히 낮에) 잠시 눈을 붙임

직역하면 '40번의 눈 깜박임(wink)'이라는 말로, 40번 정도 눈을 빨리 깜박이는 것이므로 짧은 시간 동안의 잠을 의미한다.

I'm tired. I think I'll take forty **winks** this **afternoon** before dinner.

나는 너무 피곤하다. 저녁 식사 전 오후에 잠깐 눈을 좀 붙여야겠다.

shoulder to shoulder 어깨를 나란히 하고, 서로 어깨를 맞대고

말 그대로 '어깨에 어깨'가 있다는 뜻으로, '어깨를 나란히 하고 있다'라는 의미이다.

Standing **shoulder** to shoulder, the **soldiers** began marching down the street.
군인들이 어깨를 나란히 하고 서서 거리를 행진하기 시작했다.

a busy bee 부지런한 사람, 늘 바쁜 사람

직역하면 '바쁜(busy) 벌'이라는 말로, 하루에 10억 송이 이상의 꽃을 찾아다니며 꿀을 모으는 벌들의 부지런한 모습을 본떠 만들어진 표현이다. 꿀벌처럼 쉴 틈없이 부지런히 일하는 사람, 또는 항상 바쁜 사람을 가리키는 표현이다.

Mary is a **busy** bee, and often she has no time for **lunch**.
메리는 늘 바쁜 사람이라, 점심 먹을 시간조차 없을 때가 많다.

DAILY TEST

정답 p.153

[01~08] 영어는 우리말로, 우리말은 영어로 쓰세요.

01 wink _____   05 놀라운 _____
02 rude _____   06 바쁜; 혼잡한 _____
03 ugly _____   07 군인 _____
04 refrigerator _____   08 화난 _____

[09~10] 우리말에 맞게, 주어진 철자로 시작하는 알맞은 말을 빈칸에 넣으세요.

09 E_____ a _____ will turn. 지렁이도 밟으면 꿈틀한다.

10 _____, it's just s_____ and b_____.
슬프게도, 그것은 피골이 상접했다.

DAY 30

관용표현 >> 습관처럼 써서 굳어진 표현들

573	**cousin** [kʌ́zn]	명 사촌
574	**blanket** [blǽŋkit]	명 담요
575	**thief** [θiːf]	명 도둑
576	**pocket** [pɑ́kit]	명 (호)주머니
577	**fist** [fist]	명 주먹
578	**finger** [fíŋgər]	명 손가락
579	**luck** [lʌk]	명 운; 행운
580	**mosquito** [məskíːtou]	명 모기
581	**net** [net]	명 그물[망]
582	**candle** [kǽndl]	명 양초
583	**kill** [kil]	동 죽이다
584	**stone** [stoun]	명 돌 유 rock
585	**grandparent** [grǽndpɛrənt]	명 (-s) 조부모
586	**hospital** [hɑ́spitl]	명 병원
587	**god** [gad]	명 1 (God) 하느님 2 (일부 종교의) 신
588	**lid** [lid]	명 뚜껑
589	**furniture** [fə́ːrnitʃər]	명 가구
590	**thumb** [θʌm]	명 엄지손가락
591	**hammer** [hǽmər]	명 망치
592	**toe** [tou]	명 발가락

a wet blanket 흥을 깨는 사람, 트집쟁이

그냥 해석하면 '젖은 담요(blanket)'라는 뜻이다. 한창 분위기가 활활 타오르는 상황에서 갑자기 젖은 담요를 덮어 버리면 분위기가 순식간에 식어버리듯, 남의 기분을 망치는 사람, 또는 좋은 분위기에서 흥을 깨는 사람을 가리켜 쓰는 표현이다.

A Are we inviting your **cousin** to the barbecue?
B No, he's a wet **blanket** at parties.

A 바비큐 파티에 네 사촌을 초대해?
B 아니, 그는 파티에서 흥을 깨는 사람이야.

pick your pocket 소매치기하다

직역하면 '주머니(pocket)를 집어 내다'라는 뜻이다. 주머니를 터는 것, 다시 말해 소매치기를 한다는 의미이다.

A I can't believe it! A **thief** tried to pick my **pocket** at the concert.
B What did you do?
A I turned around and raised my **fist**. He ran away.

A 믿을 수가 없어! 도둑이 콘서트에서 날 소매치기하려고 했어.
B 넌 어떻게 했어?
A 난 돌아서서 주먹을 들어올렸지. 그는 도망쳤어.

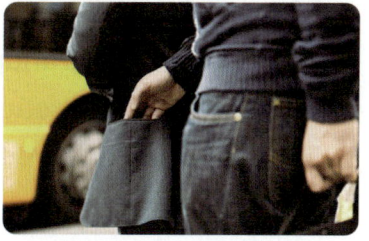

cross your fingers (검지와 중지를 겹치며) 행운을 빌다[성공을 기원하다]

직역하면 '손가락(finger)을 겹친다'는 말로, 이 표현은 기독교가 탄압을 받던 오래 전으로 거슬러 올라간다. 당시 기독교인들 사이에서 검지와 중지를 겹쳐 손가락을 십자가 모양을 만들어 '행운을 빈다'라는 뜻으로 사용하였다. 참고로, 현재는 더 이상 종교적인 뜻을 내포하지 않는다.

I'll cross my **fingers** for good **luck** on your piano contest tomorrow.
내일 네 피아노 콘테스트에 행운이 따르길 기원하고 있을게.

kill two birds with one stone 일석이조, 일거양득

'돌멩이(stone) 하나로 두 마리의 새를 죽인다(kill)'는 말은, 한 번의 노력으로 두 가지 이익을 얻는다는 말이다. 사자성어로 일석이조, 일거양득을 뜻한다.

To solve the **mosquito** problem on camping trips, most people use a **net**. I use a **candle** instead. This **kills** two birds with one **stone** – it keeps the bugs away and adds some light to the tent.

캠핑 여행에서의 모기 문제를 해결하기 위해, 대부분의 사람들은 모기망을 사용한다. 나는 대신 양초를 사용한다. 이것은 일석이조다. 벌레도 가까이 오지 못하게 해주며, 텐트에 불빛도 더한다.

thank God (기쁨을 나타내어) 정말 다행이다

직역하면 '신(god)에게 감사하다'라는 말로, '~해서[~라서] 다행이다'라는 의미로 일상적으로 많이 사용되는 표현이다. 어떤 상황이나 결과에 대해 감사하거나 안도하는 감정을 표현할 때 사용한다.

A How are your **grandparents** doing at the **hospital**?
B They're getting better now.
A Thank **God**, they're OK.

A 조부모님들은 병원에서 어떻게 지내고 계시니?
B 이제 좀 나아지고 계셔.
A 괜찮으시다니, 정말 다행이다.

keep a lid on ~을 통제[억제]하다

'어떤 것 위에 뚜껑(lid)을 덮은 상태로 둔다'라는 뜻이다. 마치 뚜껑을 덮어 두듯, 상황이 더 이상 나빠지는 것을 억제하거나, 또는 비밀이 밖으로 새어 나가지 않게 통제한다는 의미로 사용된다.

A Let's keep a **lid** on this problem.
B Good idea. We don't want to worry people.

A 이 문제에 대해 상황이 나빠지지 않게 통제를 하자.
B 좋은 생각이야. 사람들을 걱정시키고 싶지 않잖아.

all thumbs 손재주가 없는, 솜씨가 서투른

thumb은 '엄지손가락'이라는 뜻이다. 모든 손가락이 엄지처럼 뭉툭하면 섬세한 일을 하기 어려우므로, 'all thumbs'라고 하면 '손재주가 없다', '솜씨가 서투르다' 또는 '엉성하다'라는 의미이다.

A I don't know how to fix this **furniture**; I'm all **thumbs**.
B Don't worry, we can fix it together. Here, I'll show you how to use the **hammer**.

A 난 이 가구를 어떻게 고쳐야 할지 모르겠어. 난 손재주가 없어.
B 걱정 마. 우리가 함께 그걸 고칠 수 있어. 내가 망치를 사용하는 법을 알려 줄게.

from head to toe 머리 끝에서 발 끝까지, 전신에

말 그대로, '머리부터 발끝까지', 즉 '온몸에', '전신에'라는 의미이다.

I'm wet from head to **toe** because of the rain!
비 때문에 머리부터 발끝까지 다 젖었어!

DAILY TEST

정답 p.153

[01~08] 영어는 우리말로, 우리말은 영어로 쓰세요.

01 candle _____   05 가구 _____
02 fist _____   06 모기 _____
03 luck _____   07 엄지손가락 _____
04 cousin _____   08 망치 _____

[09~10] 우리말에 맞게, 주어진 철자로 시작하는 알맞은 말을 빈칸에 넣으세요.

09 He's a w_____ b_____ at parties.
   그는 파티에서 흥을 깨는 사람이다.

10 This k_____ two birds with one s_____.
   이것은 일석이조다.

Review Test

DAY 26~30

정답 pp.153~154

A 다의어 다음 빈칸에 공통으로 들어갈 표현으로 가장 적절한 것을 고르세요.

01
- You look _____ in that jacket.
- It's _____ cold outside.

a. beautiful   b. very   c. pretty   d. really

02
- I gave her a _____ on her birthday.
- The boy has a _____ for music.

a. skill   b. gift   c. present   d. ability

03
- _____ the door.
- She is my _____ friend.

a. open   b. close   c. near   d. good

04
- I fell on the _____ stone floor.
- He worked _____ on the farm.

a. hard   b. difficult   c. well   d. busily

05
- Put your glasses in the _____.
- In this _____, you've made a mistake.

a. box   b. time   c. case   d. event

06
- Look at that _____ star in the sky.
- Alex is a _____ child.

a. shining   b. smart   c. bright   d. clever

07
- Heat is a _____ of energy.
- Fill out the _____ please.

a. type   b. shape   c. kind   d. form

B 관용표현 다음 빈칸에 알맞은 관용표현을 골라 쓰세요.

| pick your brain | on the dot | have two left feet |
| have a sweet tooth | once in a blue moon | pie in the sky |

01 A I _____. I especially love candy.

B Well, the dentist might not love that!

02 I want to start my own bakery. Since you started one last year, can I _____?

03 We dream of a fashionable living room, but it is just _____; we don't have money for that.

04 A Is the meeting at 2:00 PM?

B Yes. It starts at two _____, so hurry if you don't want to be late.

05 A How often do your parents visit?

B They live far away, so they only visit _____.

06 A I'm not a good dancer. I fell twice during dance class.

B I can't dance either. I _____.

Pop Quiz!
모든 손가락이 엄지처럼 뭉툭하면 섬세한 일을 하기 어려운 것을 빗대어, '손재주가 없다', '솜씨가 서투르다' 또는 '엉성하다'라는 뜻으로 쓰이는 관용표현은? (2단어)

DAY 21~30 CUMULATIVE TEST

정답 p.154

[01~30] 다음 단어의 뜻을 쓰세요.

01 promise
02 yet
03 clear
04 hill
05 fence
06 proud
07 skill
08 guide
09 polite
10 captain
11 along
12 waterfall
13 rule
14 calm
15 date
16 watch
17 back
18 lesson
19 case
20 sign
21 grade
22 bakery
23 husband
24 parent
25 circle
26 rude
27 worm
28 lid
29 furniture
30 candle

[31~40] 다음 뜻을 가진 단어를 쓰세요.

31 목화; 면(직물)
32 구르다; 굴리다
33 수수께끼
34 동굴
35 목소리, 음성
36 손; 건네다
37 친절한; 종류
38 치과의사
39 어깨
40 가구

[41~45] 다음 숙어의 뜻을 쓰세요.

41 a back-seat driver
42 a busy bee
43 forty winks
44 a wet blanket
45 skin and bone

Vocabulary for Comprehension

Thief at Sea

추리 극장 3

A Japanese ship gets ready to go out to sea. The captain takes off his ring to put oil in the ship. He **places** it on his desk. When he comes back, it's gone. He asks three ship workers what they were doing. The cook was cooking dinner. The engineer was checking the engine. The seaman was fixing the flag **as** someone put it upside down. The captain knows who **took** the ring. How did he **solve** this riddle?

★ Think about it. Then watch the video and check your answer.

1 What is another word for **place**?
   a. hand   b. watch   c. put   d. try

2 What is another word for **as**?
   a. because   b. where   c. so   d. why

3 In this passage, the meaning of **take** is …
   a. to bring.   b. to put on.   c. to hold.   d. to carry away.

4 The word **solve** means to find … to something.
   a. a key   b. a dot   c. a form   d. an answer

바다의 도둑 한 일본 선박이 바다로 나갈 준비를 한다. 선박에 기름을 넣기 위해 선장은 자신의 반지를 뺀다. 그는 반지를 책상 위에 둔다. 그가 돌아왔을 때, 그것은 사라지고 없다. 그는 세 명의 선박 노동자들에게 무엇을 하던 중이었는지 묻는다. 요리사는 저녁을 짓는 중이었다. 엔지니어는 엔진을 체크하는 중이었다. 선원은 누군가 깃발을 거꾸로 꽂아 두어 그것을 고치는 중이었다. 선장은 반지를 누가 가져갔는지 알게 된다. 그는 어떻게 이 수수께끼를 풀었는가?

Answers 1c 2a 3d 4d

Answer Key

DAY 01

Word Link   p. 10

- ['여기'와 '거기'의 차이: 여기/거기] 읽고 문장을 완성하세요.
1 런던? 나 항상 거기에 가보고 싶었어.
2 여기로 좀 올래? 너에게 할 말이 있어.

DAILY TEST   p. 11

01 거기에(서), 그곳에서 02 ~ 전에; ~하기 전에
03 기쁜, 반가운 04 아침 (식사) 05 제빵사 06 vase
07 knock 08 kitchen 09 cook 10 careful
11 entered 12 okay 13 door 14 sharp 15 knife
16 here 17 baker 18 pilot 19 teacher 20 chef
21 be, going, to

DAY 02

Word Link   p. 14

- [유사 의미의 단어: 연못/호수] 읽고 알맞은 단어에 동그라미 하세요.
1 연못이 호수보다 더 작다.
2 호수가 연못보다 더 깊다.

DAILY TEST   p. 15

01 love 02 listen 03 song 04 swim 05 to 06 ride
07 school 08 warm 09 pond 10 weather
11 bicycle 12 sunny 13 barn 14 farm 15 seed
16 feed 17 here, there

DAY 03

Word Link   p. 18

- [다양한 도형 이름: 하트/삼각형/정사각형/원형] 읽고 알맞은 단어에 동그라미 하세요.
1 그 산은 삼각형이다. 2 해는 원형이다.

DAILY TEST   p. 19

01 ⓓ 모든 컵을 씻다 02 ⓔ 다음 열차 03 ⓐ 부엌 식탁
04 ⓑ 큰 목소리 05 ⓒ 친절한 마음씨 06 ⓕ 갈색 머리
07 brush 08 round 09 around 10 sitting 11 hear
12 music 13 dish 14 hungry 15 chew 16 menu
17 such, as

DAY 04

Word Link   p. 22

- [-y로 끝나는 형용사: 구름/구름 낀] 읽고 문장을 완성하세요.
1 어두운 구름이 있다.
2 구름이 잔뜩 낀 날이다.

DAILY TEST   p. 23

01 age 02 train 03 about 04 pick 05 travel
06 grow 07 world 08 fruit 09 ⓒ 10 ⓓ 11 ⓑ 12 ⓐ
13 playground 14 homeroom 15 cafeteria 16 gym
17 go, to, school

DAY 05

Word Link   p. 26

- [합성어: 목욕 + -실 = 욕실] 두 단어로 분리하세요.
1 교실 = 학급[반] + -실
2 침실 = 침대 + -실

DAILY TEST   p. 27

01 클럽, 동호회 02 드라마[극], 연극 03 깨끗한; 청소하다
04 구급차, 앰뷸런스 05 물론, 당연히 06 police
07 bathroom 08 dance 09 bake 10 join 11 bath
12 bread 13 call 14 hot 15 dirty 16 oven 17 wing
18 tail 19 feather 20 fur 21 of, course

REVIEW TEST DAY 01~05   pp. 28~29

A 01 breakfast, kitchen   02 glad, okay
   03 vase   04 knock, door
   05 sing, song   06 bicycle, school
   07 fish, lake   08 warm, weather
   09 brush, hair   10 sit, round
   11 hear, loud   12 shape, heart
   13 about, age   14 high, above
   15 world, train   16 farmer, fruit
   17 call, ambulance   18 clean, bathroom
   19 drama, club   20 bread, oven

B 01 baker   02 chef
   03 farm   04 barn
   05 menu   06 dish
   07 playground   08 gym
   09 fur   10 tail

C 01 lake, pond 02 cloud 03 here 04 triangle
   05 bathroom

DAY 06

Word Link p. 32

- ["a pair of"의 쓰임: 선글라스 한 개/신발 한 켤레/신발 두 켤레] 읽고 알맞은 단어에 동그라미 하세요.
1 바닥에 신발 하나가 있다.
2 그녀는 선글라스 한 개를 쓰고 있다.

DAILY TEST p. 33

01 ⓑ 어두운 밤 02 ⓓ 선글라스 한 개
03 ⓕ 버스를 기다리다 04 ⓐ 벽에 페인트칠하다
05 ⓔ 영화관 06 ⓒ 사진을 많이 찍다
07 동 / ~에 색칠[채색]하다 08 동 / 눈이 왔다
09 명 / 가게, 상점 10 동 / 늘어서다 11 bookstore
12 mystery 13 title 14 text 15 pick, up

DAY 07

Word Link p. 36

- [-er로 끝나는 명사: 일하다/일하는 사람] 동사를 '~하는 사람'으로 바꾸세요.
1 읽다 → 독자 2 듣다 → 청자

DAILY TEST p. 37

01 일하다; 노력하다; 작동되다; 일, 업무
02 희망하다, 바라다; 희망, 바람
03 따르다[붓다]; (비가) 퍼붓다 04 열린; 열다 05 교과서
06 office 07 again 08 meet 09 factory 10 worker
11 tea 12 each 13 pages 14 worker 15 soon
16 into 17 compass 18 pack 19 ready 20 traveler
21 around, world

DAY 08

Word Link p. 40

- [이름과 별명: 이름/별명] 읽고 문장을 완성하세요.
1 뉴욕의 별명은 "커다란 사과"이다.
2 그 소년의 이름은 피터다.

DAILY TEST p. 41

01 actor 02 wish 03 win 04 make 05 laugh 06 list
07 how 08 low 09 made 10 ⓑ 11 ⓒ 12 ⓐ 13 flat
14 low 15 size 16 rectangle 17 made, of

DAY 09

Word Link p. 44

- [합성어: 비누 + 가루 = 가루 비누] 각 문장에서 합성어에 동그라미 하세요.
1 나는 베이비 파우더 냄새를 맡으면 기분이 좋아진다.
2 나에게는 손 세정제가 없다.

DAILY TEST p. 45

01 correct 02 question 03 soap 04 bring 05 own
06 bubbles 07 class 08 women
09 동 / 행진[행군]했다 10 형 / 자기 자신의
11 명 / 대답, 답 12 형 / 정확한, 옳은 13 firework
14 festival 15 march 16 amazing 17 take, place

DAY 10

Word Link p. 48

- [과목의 이름: 과목/역사/수학] 읽고 문장을 완성하세요.
1 네가 가장 좋아하는 과목은 뭐야?
2 그는 한국 전쟁의 역사를 공부했다.

DAILY TEST p. 49

01 heavy 02 backpack 03 handsome 04 house
05 carry 06 owner 07 large 08 teach 09 history
10 ⓑ 11 ⓒ 12 ⓐ 13 weak 14 lovely 15 slow
16 handsome 17 come, from

REVIEW TEST DAY 06~10 pp. 50~51

A 01 drive, carefully 02 paint, dark
03 wait, movie 04 shop, shoes
05 textbook, page 06 tea, each
07 hope, soon 08 work, office
09 wish, list 10 win, award
11 laugh, so 12 how, name
13 bubbles, soap 14 dictionary, class
15 know, question 16 beautiful, woman
17 complete, puzzle 18 history, course
19 owner, house 20 heavy, backpack

B 01 bookstore 02 mystery
03 compass 04 traveler
05 rectangle 06 size
07 festival 08 amazing
09 lovely 10 slow

C 01 subject 02 is 03 nickname 04 worker
05 sunglasses

누적 테스트
CUMULATIVE TEST DAY 01~10   p. 52

01 부엌, 주방 02 기쁜, 반가운 03 노크하다, 두드리다
04 (말·탈것 등을) 타다; 타기, 타고 가기 05 연못
06 날씨 07 들리다, 듣다 08 큰 소리의, 시끄러운
09 심장; 마음 10 나이, 연령; 시대
11 흐린, 구름이 잔뜩 낀 12 농부
13 부르다; 전화하다; 전화 (통화) 14 목욕
15 가입하다; 함께하다 16 조심스럽게, 신중하게
17 기다리다 18 극장 19 교과서 20 곧, 머지않아
21 공장 22 바라다, 원하다; 소원
23 상; (상 등을) 수여하다, 주다 24 철자를 말하다
25 거품; 비눗방울 26 사전 27 불꽃놀이
28 주제; 과목 29 소유자, 주인 30 약한, 힘이 없는
31 vase 32 sunny 33 hair 34 barn 35 bake
36 dark 37 soon 38 warm 39 question 40 teach
41 여기저기에 42 ~와 같은
43 ~을 집다; ~을 (차에) 태우러 가다[오다]
44 ~로 만들어지다, ~로 구성되다
45 (행사가) 열리다, (사건이) 일어나다

DAY 11
Word Link   p. 56

● [유사 의미의 단어: (여성용) 지갑; 핸드백/(돈)지갑] 읽고 알맞은 단어에 동그라미 하세요.
1 보통 지갑은 작고 납작한 케이스이다.
2 나는 내 열쇠들과 휴대폰을 내 핸드백에 보관한다.

DAILY TEST   p. 57

01 curtains 02 for 03 use 04 party 05 lose
06 aside 07 friends 08 hunt 09 ⓓ 10 ⓒ 11 ⓐ
12 ⓑ 13 hunter 14 arrow 15 enemy 16 hunt
17 watch, out

DAY 12
Word Link   p. 60

● [Some와 Any의 차이] 읽고 문장을 완성하세요.
 • some: 보통 긍정문에서 사용됨
 • any: 의문문과 부정문에서 사용됨
1 그는 내게 꽃을 좀 주었다. 2 돈이 조금이라도 있나요?

DAILY TEST   p. 61

01 같이, 함께 02 추가[첨가]하다; 더하다, 합하다
03 너무; ~도, 또한 04 끓다; 끓이다
05 조금[약간]의; 어느, 어떤 06 number 07 concert
08 ticket 09 pot 10 buy 11 명 / 미래, 장래
12 형 / 온라인의 13 대 / 약간, 몇몇 14 동 / 걱정하다
15 부 / 빨리 16 대 / 모두 17 race 18 champion
19 goal 20 fast 21 do, best

DAY 13
Word Link   p. 64

● [시간과 날짜: 분/해(년/연)] 읽고 문장을 완성하세요.
1 나는 그 영화를 2년 전에 봤다. 2 수프를 5분 동안 끓여라.

DAILY TEST   p. 65

01 minute ⓑ 02 build ⓓ 03 rest ⓐ 04 year ⓔ
05 river ⓒ 06 across 07 bridge 08 mix 09 watered
10 Few 11 lawn 12 garbage 13 toilet
14 housework 15 do, dishes

DAY 14
Word Link   p. 68

● [건강 관련 표현: 다이어트/체중] 읽고 문장을 완성하세요.
1 그녀는 어떻게 그렇게 빨리 체중을 감량했을까?
2 나는 다이어트를 하기로 결심했다.

DAILY TEST   p. 69

01 diet 02 wear 03 season 04 decide 05 mask
06 start 07 uniform 08 food 09 동 / (장소에) 살다
10 명 / 거스름돈, 잔돈 11 형 / 추운, 차가운
12 접 / ~할 때 13 comedy 14 program 15 channel
16 animation 17 turn, on, off

DAY 15
Word Link   p. 72

● [방향의 종류: 동쪽/서쪽] 읽고 알맞은 단어에 동그라미 하세요.
1 해는 서쪽으로 진다. 2 해는 동쪽에서 뜬다.

DAILY TEST   p. 73

01 서쪽; 서쪽의 02 힘센, 강한
03 (잠에서) 깨다[일어나다]; 깨우다 04 밤, 야간
05 (바람이) 불다; (입으로) 불다 06 흔히, 자주
07 morning 08 early 09 east 10 forest 11 lost
12 wind 13 ⓑ 14 ⓒ 15 ⓐ 16 step 17 final 18 first
19 then 20 for, first, time

REVIEW TEST DAY 11~15 pp. 74~75

A
01 easy, use
02 lose, expensive
03 party, friend
04 pull, curtain
05 worry, future
06 boil, pot
07 buy, concert
08 add, all
09 rest, home
10 oil, well
11 few, ago
12 bridge, river
13 wear, mask
14 when, seasons
15 decide, diet
16 without, food
17 exercise, morning
18 often, night
19 lost, forest
20 strong, east

B
01 hunter
02 arrow
03 champion
04 fast
05 housework
06 toilet
07 program
08 channel
09 then
10 final

C
01 weight 02 west 03 some 04 wallet
05 minutes

DAY 16

Word Link p. 78

- ['정오'와 '자정'의 차이: 정오/자정] 읽고 문장을 완성하세요.
1 그 영화는 오후 11시 30분에 끝났다. 그래서 나는 집에 자정에 도착했다.
2 보통 정오에 가장 덥다.

DAILY TEST p. 79

01 way 02 begin 03 note 04 restaurant
05 seafood 06 midnight 07 leave 08 event
09 ⓓ 10 ⓑ 11 ⓐ 12 ⓒ 13 inside 14 front 15 away
16 center 17 next, to

DAY 17

Word Link p. 82

- [올림픽 메달: 금/은/동] 읽고 문장을 완성하세요.
1 첫 번째로 들어오면 금메달을 받는다.
2 세 번째로 들어오면 동메달을 받는다.

DAILY TEST p. 83

01 ⓔ 잠시 기다리다 02 ⓓ 금반지 03 ⓕ 엽서를 보내다
04 ⓐ 나무를 오르다 05 ⓑ 다음 달 06 ⓒ 절대 안 잊다
07 help 08 winners 09 once 10 silver 11 up
12 medal 13 helpful 14 life 15 daily 16 alarm
17 get, up

DAY 18

Word Link p. 86

- [합성어: 출생/날/출생일] 두 단어로 분리하세요.
1 매일 = 모든 + 날   2 출산 = 아이 + 출생

DAILY TEST p. 87

01 walk 02 celebrate 03 crazy 04 trip 05 with
06 straight 07 hometown 08 tired 09 hike 10 birth
11 finally 12 interest 13 arrived 14 after
15 interest 16 crazy 17 hike 18 model
19 from, time, time

DAY 19

Word Link p. 90

- [합성어: 좌석/벨트/좌석 벨트] 각 문장에서 합성어에 동그라미 하세요.
1 난 아이스크림을 먹고 싶어.
2 그 어린 소년은 차의 뒷좌석에 앉았다.

DAILY TEST p. 91

01 알록달록한, (색이) 다채로운 02 걷다, 매달다
03 돌아오다[가다]; 돌려주다, 반납하다 04 담; 벽
05 좌석, 자리 06 plant 07 message 08 belt
09 all day (long) 10 send 11 snowy 12 in
13 flowers 14 posters 15 garden 16 email
17 windy 18 foggy 19 cool 20 snowy 21 all, day

DAY 20

Word Link p. 94

- [혼동어: 사막/디저트] 읽고 알맞은 단어에 동그라미 하세요.
1 많은 사람들이 사막에선 낙타를 이용한다.
2 그녀는 디저트로 애플파이를 먹었다.

DAILY TEST p. 95

01 ⓑ 소리를 듣다 02 ⓒ 우스운 이야기
03 ⓐ 너의 차례를 기다리다 04 ⓕ 맛있어 보이다
05 ⓔ 사하라 사막 06 ⓓ 소방서 07 musician 08 really
09 dessert 10 interesting 11 Put 12 far 13 fine
14 musician 15 style 16 simple 17 again, again

REVIEW TEST DAY 16~20   pp. 96~97

A
01 many, different
02 nice, restaurant
03 leave, short
04 event, noon
05 thank, postcard
06 medal, winner
07 mountain, month
08 never, moment
09 finally, hometown
10 tired, trip
11 birthday, family
12 walk, ahead
13 return, seat
14 hang, poster
15 colorful, garden
16 message, email
17 far, subway
18 turn, key
19 sound, interesting
20 want, dessert

B
01 front
02 center
03 lives
04 helpful
05 interest
06 model
07 windy
08 snowy
09 musician
10 style

C 01 noon 02 dessert 03 birth 04 seat belt
05 gold

CUMULATIVE TEST DAY 11~20   p. 98

01 지갑 02 친구 03 적; (전쟁에서의) 적국, 적군 04 약간의, 몇몇의; 약간, 몇몇 05 냄비, 솥 06 빠른; 빨리 07 (수가) 많지 않은, 거의 없는; 몇몇의, 조금의 08 ~을 가로질러; ~맞은[건너]편에 09 쓰레기 10 언제; ~할 때 11 결정하다, 결심하다 12 ~없이 13 이른, 빠른; 일찍 14 흔히, 자주 15 마지막의, 최후의; 결승(전) 16 길; 방법, 방식 17 가까운; 가까이; ~가까이에 18 떠나다; 남겨두다 19 고마워하다, 감사하다 20 오르다, 올라가다 21 잊다 22 여행 23 앞으로, 앞에 24 하이킹[도보 여행]하다; 하이킹, 도보 여행 25 돌아오다[가다]; 돌려주다, 반납하다 26 포스터, 벽보 27 식물; (나무 등을) 심다 28 역, 정류장; (관청·시설 등의) -소, -서 29 돌다; 돌리다; 순서, 차례 30 훌륭한, 좋은; 건강한 31 pull 32 together 33 minute 34 season 35 forest 36 midnight 37 winner 38 birth 39 foggy 40 far 41 설거지를 하다 42 ~을 켜다/끄다 43 ~옆에 44 때때로, 가끔 45 몇 번이고, 되풀이해서

DAY 21

Word Link   p. 102

● [방향의 종류: 북쪽/남쪽] 읽고 문장을 완성하세요.
1 북극성은 나침반으로 사용될 수 있다.
2 많은 새들이 겨울에 남쪽으로 날아간다.

DAILY TEST   p. 103

01 past ⓒ 02 clear ⓐ 03 tell ⓑ 04 south ⓔ
05 memory ⓓ 06 see 07 finished 08 homework
09 Anybody 10 stars 11 glove 12 cotton
13 clothing 14 closet 15 put, on

DAY 22

Word Link   p. 106

● [-ian으로 끝나는 명사: 마술/마술사] 읽고 문장을 완성하세요.
1 그 마술사는 새를 장미로 만들었다.
2 못된 여왕은 공주를 다치게 하기 위해 마법을 썼다.

DAILY TEST   p. 107

01 roll 02 fantastic 03 test 04 fence 05 magic
06 jump 07 slide 08 hill 09 ⓓ 10 ⓒ 11 ⓐ 12 ⓑ
13 cry 14 lonely 15 sad 16 proud
17 be, happy, with

DAY 23

Word Link   p. 110

● [-ist로 끝나는 명사: 여행/관광객] 읽고 알맞은 단어에 동그라미 하세요.
1 파리는 여름에 관광객들로 가득하다.
2 우리는 미술관을 관광했다.

DAILY TEST   p. 111

01 관광객 02 두려워하는, 겁내는
03 (특정 국가·지역의) 언어 04 수수께끼
05 문제, 어려움; (시험 등의) 문제 06 소리치다, 외치다
07 museum 08 wild 09 insect 10 skill 11 learn
12 all the time 13 tour 14 difficult 15 solve
16 guide 17 polite 18 shout 19 polite 20 sorry
21 ask 22 all, time

DAY 24

Word Link   p. 114

● [교실과 장소: 학교/교실/도서관] 읽고 알맞은 답에 동그라미 하세요.
1 학교의 교실에서는 수업을 한다.
2 도서관에서는 책을 읽는다.

DAILY TEST   p. 115

01 느긋이 쉬다 02 ~을 따라 03 (시끄러운) 소리, 소음
04 충분한; 충분히 05 해변, 바닷가 06 every 07 library
08 member 09 classroom 10 run away 11 captain
12 week 13 studying 14 jogs 15 jungle 16 team
17 sunlight 18 cave 19 waterfall 20 jungle
21 run, away

🟩 DAY 25

Word Link   p. 118

● [-er로 끝나는 명사: 말하다/발표자] 읽고 문장을 완성하세요.
1 그녀는 훌륭한 발표자다.
2 더 크게 말해줄 수 있어?

DAILY TEST   p. 119

01 bells 02 speaker 03 rules 04 ring 05 speak
06 date 07 explain 08 little 09 calm 10 ⓒ 11 ⓐ
12 ⓑ 13 wedding 14 date 15 kiss 16 marry
17 fall, in, love

REVIEW TEST DAY 21~25   pp. 120~121

A 01 promise, anybody   02 happy, past
   03 homework, yet   04 see, clear
   05 easily, test   06 fantastic, magic
   07 tall, hill   08 over, fence
   09 learn, language   10 tour, guide
   11 afraid, wild   12 difficult, riddle
   13 noise, classroom   14 enough, study
   15 member, team   16 jog, beach
   17 explain, little   18 as, phone
   19 calm, voice   20 try, where

B 01 clothing   02 closet
   03 lonely   04 proud
   05 sorry   06 polite
   07 cave   08 waterfall
   09 date   10 wedding

C 01 speaker 02 magic 03 North 04 library
   05 tour

🟩 DAY 26

DAILY TEST   p. 127

01 둑, 제방 02 옷을 입혔다 03 다시, 돌아가[와]서
04 수업 (시간) 05 재능, 재주 06 마주보았다[향했다]
07 파리(들) 08 ⓑ 09 ⓑ 10 ⓐ

🟩 DAY 27

DAILY TEST   p. 131

01 took 02 break 03 sign 04 plays 05 formed
06 headed 07 ⓐ 08 ⓑ 09 ⓐ

🟩 DAY 28

DAILY TEST   p. 135

01 서두르다; 서두름 02 춤추는 사람, 댄서 03 점, 반점
04 운전자, 기사 05 dentist 06 vegetable
07 daughter 08 living room 09 husband, driver
10 left, feet

🟩 DAY 29

DAILY TEST   p. 139

01 눈 깜박임; 윙크하다 02 무례한, 버릇없는
03 못생긴, 추한 04 냉장고 05 surprising 06 busy
07 soldier 08 angry 09 Even, worm
10 Sadly, skin, bone

🟩 DAY 30

DAILY TEST   p. 143

01 양초 02 주먹 03 운; 행운 04 사촌 05 furniture
06 mosquito 07 thumb 08 hammer
09 wet, blanket 10 kills, stone

REVIEW TEST DAY 26~30   pp. 144~145

A 01 c 02 b 03 b 04 a 05 c 06 c 07 d

B 01 have a sweet tooth
   02 pick your brain
   03 pie in the sky
   04 on the dot
   05 once in a blue moon
   06 have two left feet

Answer Key • 153

Pop Quiz! all thumbs

CUMULATIVE TEST DAY 21~30   p. 146

01 약속하다; 약속 02 아직; 벌써, 이미 03 분명한; 맑은, 투명한 04 언덕, (낮은) 산 05 울타리 06 자랑스러운 07 솜씨[재주]; 기술 08 안내인[가이드]; 안내하다 09 예의 바른, 공손한 10 선장, 기장; (특히 스포츠 팀의) 주장 11 ~을 따라 12 폭포 13 규칙; 통치하다 14 침착한, 차분한; 진정하다; 진정시키다 15 날짜; 만날 약속, (이성과의) 데이트 16 보다; 손목시계 17 뒤로; 다시, 돌아가[와]서; 뒤쪽, 뒷부분 18 수업 (시간); (교재의) 과; 교훈 19 상자, 케이스; 경우, 상황 20 표지판, 간판; (서류·편지 등에) 서명하다 21 학년; 성적 22 제과점, 베이커리 23 남편 24 부모, 어버이 25 원 26 무례한, 버릇없는 27 (지렁이 등 기어다니는) 벌레 28 뚜껑 29 가구 30 양초 31 cotton 32 roll 33 riddle 34 cave 35 voice 36 hand 37 kind 38 dentist 39 shoulder 40 furniture 41 계속 참견하는 사람, 잔소리꾼 42 부지런한 사람, 늘 바쁜 사람 43 (특히 낮에) 잠시 눈을 붙임 44 흥을 깨는 사람, 트집쟁이 45 (비쩍 말라) 뼈와 거죽만 남은[피골이 상접한]

Index

A
about	020
above	020
across	063
actor	038
add	059
afraid	109
after	084
afternoon	136
again	035
again and again	094
age	020
ago	063
ahead	085
alarm	082
all	059
all day (long)	090
all the time	110
along	113
amazing	044
ambulance	024
angry	136
animal	109
animation	068
answer	043
any	058
anybody	100
around	016
around the world	036
arrive	084
arrow	056
as	116
aside	055
ask	110
award	038
away	078

B
back	126
backpack	047
bake	025
baker	010
bakery	132
bank	124
barn	014
bat	128
bath	024
bathroom	024
be going to-v	010
be happy with	106
be made of	040
beach	113
beautiful	043
before	009
begin	077
behind	136
bell	116
belt	088
best	038
bicycle	012
birth	085
birthday	085
blanket	140
blow	071
boil	058
bone	136
bookstore	032
brain	132
bread	025
break	130
breakfast	008
bridge	063
bright	129
bring	042
brush	016
bubble	042
build	063
busy	136
buy	059
by	021

C
cafeteria	022
call	024
calm	117
candle	140
captain	113
careful	009
carefully	030
carry	047
case	128
cave	114
celebrate	085
center	078
champion	060
change	066
channel	068
chef	010
chew	018
circle	136
class	042
classroom	112
clean	024
clear	101
climb	081
close	126
closet	102
clothing	102
cloud	020
cloudy	020
club	025
cold	066
color	030
colorful	089
come from	048
comedy	068
compass	036
complete	046
concert	059
cook	008
cool	090
correct	043
cotton	102
course	046
cousin	140
crazy	086
cry	106
curtain	055

D

daily	082
dance	025
dancer	132
dark	030
date	118
daughter	132
decide	067
delicious	093
dentist	132
desert	093
dessert	093
dictionary	042
diet	067
different	076
difficult	109
dirty	024
dish	018
do one's best	060
do the dishes	064
door	009
dot	132
down	105
drama	025
draw	125
drawing	043
dress	125
drive	030
driver	132

E

each	034
early	070
easily	104
east	071
easy	054
email	089
enemy	056
enough	112
enter	009
even	136
evening	062
event	077
every	113
exercise	070
expensive	054
explain	116

F

face	125
factory	035
fall	130
fall in love (with)	118
family	085
fan	124
fantastic	104
far	092
farm	014
farmer	021
fast	060
feather	026
feed	014
fence	105
festival	044
few	063
final	072
finally	084
fine	094
finger	140
finish	101
firework	044
first	072
fish	013
fist	140
flat	040
flower	089
fly	126
foggy	090
food	067
foot	132
for	055
for the first time	072
forest	071
forget	081
form	130
friend	055
from time to time	086
front	078
fruit	021
funny	093
fur	026
furniture	140
future	058

G

garbage	064
garden	089
get	126
get up	082
gift	125
glad	008
glove	102
go to school	022
goal	060
god	140
gold	080
grade	129
grandparent	140
grow	021
guide	108
gym	022

H

hair	016
hammer	140
hand	125
handsome	048
hang	088
happy	100
hard	127
hat	136
head	129
hear	017
heart	017
heavy	047
help	080
helpful	082
here	008
here and there	014

high	020	
hike	086	
hill	105	
history	046	
home	062	
homeroom	022	
hometown	084	
homework	101	
hope	035	
hospital	140	
hot	025	
house	047	
housework	064	
how	039	
hungry	018	
hunt	056	
hunter	056	
hurry	132	
husband	132	

I

in	089
insect	109
inside	078
interest	086
interesting	093
into	034

J

jog	113
join	025
jump	105
jungle	114

K

key	092
kill	140
kind	128
kiss	118
kitchen	008
knife	009
knock	009
know	043

L

lake	013
language	108
large	047
laugh	039
lawn	064
learn	108
leave	077
lesson	127
library	112
lid	140
life	082
line	031
list	038
listen	012
little	116
live	067
living room	132
lock	092
lonely	106
long	084
lose	054
lost	071
loud	017
loudly	039
love	013
lovely	048
low	040
luck	140
lunch	136

M

magic	104
magician	104
make	038
man	067
many	076
march	044
marry	118
mask	066
medal	080
meet	035
member	113

memory	100
menu	018
message	089
middle	070
midnight	077
minute	063
mirror	132
mix	062
model	086
moment	081
month	081
moon	132
morning	070
mosquito	140
mountain	081
movie	031
museum	108
music	017
musician	094
mystery	032

N

name	039
near	076
net	140
never	081
next	017
next to	078
nice	076
nickname	039
night	070
noise	112
noon	077
north	101
note	077
number	059

O

of	100
of course	026
office	035
often	070
oil	062

okay	008	
once	081	
online	059	
open	034	
oven	025	
over	105	
own	042	
owner	047	

P

pack	036
page	034
paint	030
painting	088
pair	031
parent	132
party	055
pass	104
past	100
pet	047
phone	116
pick	021
pick up	032
picture	030
pilot	010
place	129
plan	055
plant	089
play	131
playground	022
pocket	140
police	024
polite	110
pond	013
possible	046
postcard	080
poster	088
pot	058
pour	034
powder	042
pretty	124
problem	109
program	068

promise	100
proud	106
pull	055
purse	054
put	092
put on	102
puzzle	046

Q

question	043
quiet	117

R

race	060
rainy	136
ready	036
really	093
rectangle	040
refrigerator	136
relax	112
remember	117
rest	062
restaurant	076
return	088
riddle	109
ride	012
right	131
ring	116
river	063
roll	105
room	017
round	016
rude	136
rule	116
run	128
run away	114

S

sad	106
sadly	136
safe	054
same	020
save	124

school	012
sea	071
seafood	076
season	066
seat	088
see	101
seed	014
send	089
shape	017
sharp	009
ship	129
shoe	031
shop	031
short	077
shoulder	136
shout	110
show	104
sign	128
silver	080
simple	094
sing	012
sit	016
size	040
skill	108
skin	136
sky	132
slide	105
slow	048
snow	030
snowy	090
so	039
soap	042
soldier	136
solve	109
some	058
someone	077
son	132
song	012
soon	035
sorry	110
sound	093
south	101
speak	117

speaker	117	
spell	039	
star	101	
start	067	
station	092	
step	072	
stone	140	
straight	085	
strong	071	
study	112	
style	094	
subject	046	
subway	092	
such as	018	
sunglasses	031	
sunlight	114	
sunny	013	
surprise	055	
surprising	136	
sweet	132	
swim	013	

T
table	016
tail	026
take	130
take place	044
talk	039
tall	105
tea	034
teach	046
teacher	010
team	113
tell	100
test	104
text	032
textbook	034
thank	080
theater	031
then	072
there	008
thief	140
thumb	140

ticket	059
time	112
tired	084
title	032
to	012
toe	140
together	059
toilet	064
too	058
tooth	132
tour	108
tourist	108
train	021
travel	021
traveler	036
triangle	017
trip	084
try	117
turn	092
turn off	068
turn on	068
twice	132

U
ugly	136
uniform	066
up	081
use	054

V
vase	009
vegetable	132
voice	117

W
wait	031
wake	070
walk	085
wall	088
wallet	054
want	093
warm	013
wash	016

watch	124
watch out (for)	056
water	062
waterfall	114
way	076
weak	048
wear	066
weather	013
wedding	118
week	113
weight	067
well	062
west	071
when	066
where	117
who	047
wild	109
win	038
wind	071
windy	090
wing	026
wink	136
winner	080
wish	038
with	085
without	067
woman	043
work	035
worker	035
world	021
worm	136
worry	058

Y
year	063
yet	101
young	043

Index • 159

MEMO

Vocabulary with video
LiVE

WORKBOOK

1
Intermediate

hungry
rest
polite
shape
winner
feed

누적 테스트 02일차

월 일 | score / 40

01 chef _____
02 to _____
03 warm _____
04 knock _____
05 feed _____
06 door _____
07 lake _____
08 be going to _____
09 glad _____
10 before _____
11 pond _____
12 here _____
13 bicycle _____
14 kitchen _____
15 farm _____
16 there _____
17 sunny _____
18 song _____
19 baker _____
20 ride _____

21 교사, 선생님 t_____
22 들어가다; 입학하다 e_____
23 사랑하다; 매우 좋아하다; 사랑 l_____
24 응, 좋아; 괜찮은 o_____
25 날씨 w_____
26 헛간; 외양간 b_____
27 (장식용) 병, 꽃병 v_____
28 듣다, 귀 기울이다 l_____
29 주의 깊은, 조심성 있는 c_____
30 아침 (식사) b_____
31 요리하다; 요리사 c_____
32 학교 s_____
33 날카로운, 뾰족한 s_____
34 수영하다, 헤엄치다 s_____
35 칼, 나이프 k_____
36 노래하다, (노래를) 부르다 s_____
37 조종사, 비행사 p_____
38 물고기; 낚시하다[낚다] f_____
39 씨, 씨앗 s_____
40 여기저기에 h_____

누적 테스트 03일차

01	hear		
02	round		
03	ride		
04	next		
05	music		
06	room		
07	shape		
08	glad		
09	breakfast		
10	warm		
11	pilot		
12	listen		
13	sing		
14	kitchen		
15	enter		
16	sharp		
17	brush		
18	wash		
19	sit		
20	such as		
21	테이블, 탁자	t	
22	~주위에, ~을 둘러싸고; 주위에	a	
23	수영하다, 헤엄치다	s	
24	물고기; 낚시하다[낚다]	f	
25	먹이를 주다	f	
26	~전에; ~하기 전에	b	
27	심장; 마음	h	
28	호수	l	
29	~로[에]; ~까지	t	
30	접시, 그릇; 요리	d	
31	(음식을) 씹다	c	
32	큰 소리의, 시끄러운	l	
33	배고픈	h	
34	칼, 나이프	k	
35	머리(카락); 털	h	
36	날씨	w	
37	삼각형	t	
38	노크하다, 두드리다	k	
39	(식당·식사의) 메뉴	m	
40	주의 깊은, 조심성 있는	c	

누적 테스트 04일차

월   일 | score   / 40

01 okay _____
02 homeroom _____
03 vase _____
04 door _____
05 song _____
06 by _____
07 train _____
08 farmer _____
09 brush _____
10 grow _____
11 school _____
12 barn _____
13 here and there _____
14 such as _____
15 about _____
16 wash _____
17 around _____
18 loud _____
19 shape _____
20 heart _____

21 (음식을) 씹다   c_____
22 같은, 동일한   s_____
23 나이, 연령; 시대   a_____
24 (높이가) 높은; (양·정도가) 높은, 많은; 높이   h_____
25 ~보다 위에; 위에, 위로   a_____
26 흐린, 구름이 잔뜩 낀   c_____
27 씨, 씨앗   s_____
28 여행하다; 여행   t_____
29 구름   c_____
30 세계   w_____
31 자전거   b_____
32 고르다; 따다, 꺾다   p_____
33 머리(카락); 털   h_____
34 과일   f_____
35 여기에(서), 이곳으로   h_____
36 거기에(서), 그곳으로   t_____
37 구내식당   c_____
38 요리하다; 요리사   c_____
39 들리다, 듣다   h_____
40 운동장, 놀이터   p_____

누적 테스트 05일차

월   일 | score   / 40

01 about
02 pick
03 above
04 bathroom
05 clean
06 love
07 grow
08 go to school
09 call
10 tail
11 round
12 table
13 playground
14 hot
15 feather
16 join
17 cloudy
18 chef
19 be going to
20 pond

21 교사, 선생님   t
22 춤추다; 춤, 댄스   d
23 제빵사   b
24 화창한, 맑은   s
25 농장   f
26 체육관; 헬스장   g
27 같은, 동일한   s
28 (식당·식사의) 메뉴   m
29 구급차, 앰뷸런스   a
30 (일부 동물의) 털; 모피   f
31 접시, 그릇; 요리   d
32 클럽, 동호회   c
33 여행하다; 여행   t
34 더러운, 지저분한   d
35 경찰   p
36 (빵 따위를) 굽다   b
37 배고픈   h
38 드라마[극], 연극   d
39 앉다   s
40 목욕   b

누적 테스트 06일차

#	영어		#	우리말	영어
01	feed		21	주의 깊은, 조심성 있는	c
02	next		22	날카로운, 뾰족한	s
03	high		23	수영하다, 헤엄치다	s
04	by		24	선글라스	s
05	gym		25	제목	t
06	clean		26	조심스럽게, 신중하게	c
07	dirty		27	음악	m
08	join		28	방, –실	r
09	bake		29	삼각형	t
10	wing		30	운전하다	d
11	fur		31	서점, 책방	b
12	of course		32	수수께끼; 신비; 추리 소설	m
13	line		33	나이, 연령; 시대	a
14	paint		34	세계	w
15	color		35	눈; 눈이 오다	s
16	wait		36	기차; 교육[훈련]시키다	t
17	shop		37	빵	b
18	pair		38	뜨거운, 더운; 매운	h
19	text		39	오븐	o
20	pick up		40	극장	t

누적 테스트 07일차

01	bath	21 영화	m
02	feather	22 신발, 구두	s
03	into	23 곧, 머지않아	s
04	about	24 공장	f
05	hear	25 열린; 열다	o
06	knock	26 교과서	t
07	around the world	27 욕실, 화장실	b
08	travel	28 기다리다	w
09	line	29 여행자	t
10	pick up	30 페이지, 쪽	p
11	above	31 부르다; 전화하다; 전화 (통화)	c
12	worker	32 경찰	p
13	pair	33 준비가 된	r
14	pour	34 희망하다, 바라다; 희망, 바람	h
15	tail	35 그림; 사진	p
16	cloudy	36 어두운; 짙은	d
17	seed	37 색(깔); (~에) 색칠[채색]하다	c
18	carefully	38 만나다	m
19	each	39 (짐을) 싸다; 포장하다	p
20	chew	40 클럽, 동호회	c

누적 테스트 08일차

월　　　일　|　score　　/ 40

01　enter
02　loud
03　grow
04　pick
05　pour
06　each
07　award
08　low
09　so
10　hope
11　work
12　wish
13　loudly
14　spell
15　flat
16　be made of
17　laugh
18　paint
19　pack
20　size

21　물고기; 낚시하다[낚다]　　f
22　구급차, 앰뷸런스　　a
23　드라마[극], 연극　　d
24　춤추다; 춤, 댄스　　d
25　빵　　b
26　운전하다　　d
27　눈; 눈이 오다　　s
28　신발, 구두　　s
29　수수께끼, 신비; 추리 소설　　m
30　직사각형　　r
31　나침반　　c
32　사무실　　o
33　만들다; ~하게 하다　　m
34　명단, 목록　　l
35　이기다; 따다, 획득하다　　w
36　배우　　a
37　영화　　m
38　(음료의) 차; 홍차　　t
39　다시, 또　　a
40　공장　　f

누적 테스트 09일차

01	into		21	운동장, 놀이터	p
02	meet		22	준비가 된	r
03	soon		23	가장 좋은, 최고의	b
04	wish		24	말하다, 이야기하다	t
05	award		25	어떻게; 어떠하여; 얼마나	h
06	correct		26	질문; 문제	q
07	bring		27	(성인) 여자, 여성	w
08	own		28	학급, 반; 수업	c
09	drawing		29	다음[뒤/옆]의; 그 다음[뒤]에	n
10	amazing		30	헛간; 외양간	b
11	shop		31	그림; 사진	p
12	text		32	(소리 내어) 웃다; 웃음	l
13	brush		33	이름, 성명; 이름을 지어주다	n
14	flat		34	날개	w
15	take place		35	사전	d
16	theater		36	아름다운	b
17	textbook		37	오븐	o
18	festival		38	별명	n
19	firework		39	알다, 알고 있다	k
20	march		40	전 세계로, 세계 곳곳에	a

누적 테스트 10일차 | 월 일 | score / 40

01 complete
02 work
03 low
04 march
05 before
06 heart
07 sunglasses
08 so
09 spell
10 bring
11 own
12 know
13 young
14 possible
15 course
16 history
17 owner
18 carry
19 win
20 come from

21 일을 하는 사람; 노동자 w
22 큰, 넓은; 많은 l
23 주제; 과목 s
24 무거운; (양·정도가) 많은, 심한 h
25 잘생긴 h
26 사랑스러운, 예쁜 l
27 명단, 목록 l
28 비누 s
29 여행자 t
30 어두운; 짙은 d
31 대답하다; 대답, 답 a
32 느린, 더딘 s
33 약한, 힘이 없는 w
34 가르치다 t
35 과일 f
36 가루, 분말 p
37 사무실 o
38 거품; 비눗방울 b
39 따뜻한 w
40 물론, 당연히 o

누적 테스트 11일차   월   일 | score   / 40

#	영어		#	한국어	힌트
01	dictionary		21	만들다; ~하게 하다	m
02	correct		22	가루, 분말	p
03	take place		23	~을 위해; ~동안	f
04	compass		24	배낭	b
05	lose		25	열린; 열다	o
06	expensive		26	안전한	s
07	be made of		27	퍼즐; 수수께끼[미스터리]	p
08	aside		28	축제	f
09	hunt		29	사냥꾼	h
10	purse		30	집, 주택	h
11	wallet		31	제목	t
12	surprise		32	화살; 화살표	a
13	enemy		33	애완동물	p
14	farmer		34	약한, 힘이 없는	w
15	to		35	강의, 강좌; (배·비행기의) 항로	c
16	feather		36	소유자, 주인	o
17	loudly		37	계획; 계획하다	p
18	how		38	끌다, 잡아당기다	p
19	such as		39	~출신이다, ~에서 오다	c
20	subject		40	~을 조심하다	w

누적 테스트 12일차   월   일 | score   / 40

01	cloud		21	접시, 그릇; 요리	d
02	actor		22	더러운, 지저분한	d
03	complete		23	서점, 책방	b
04	teach		24	별명	n
05	subject		25	사랑스러운, 예쁜	l
06	safe		26	파티[모임]; 일행, 단체	p
07	lose		27	페이지, 쪽	p
08	expensive		28	대답하다; 대답, 답	a
09	hunt		29	질문; 문제	q
10	worry		30	(연필 등으로 그린) 그림	d
11	too		31	아름다운	b
12	boil		32	(창문) 커튼	c
13	some		33	쉬운	e
14	any		34	쓰다, 사용하다; 사용	u
15	pot		35	친구	f
16	buy		36	미래, 장래; 미래의, 장래의	f
17	add		37	경주, 경기	r
18	all		38	골, 득점; 목표	g
19	together		39	빠른; 빨리	f
20	do one's best		40	가능한	p

누적 테스트 13일차

#	영어		#	우리말	영어
01	same		21	수; 숫자; 번호	n
02	boil		22	가사, 집안일	h
03	add		23	계획; 계획하다	p
04	rest		24	챔피언, 우승자	c
05	few		25	(음료의) 차; 홍차	t
06	build		26	거품; 비눗방울	b
07	ago		27	역사	h
08	garbage		28	사다, 구입하다	b
09	bridge		29	섞이다, 섞다	m
10	across		30	(시간 단위의) 분; 잠깐	m
11	lawn		31	학급, 반; 수업	c
12	oil		32	퍼즐; 수수께끼[미스터리]	p
13	pick up		33	무거운; (양·정도가) 많은, 심한	h
14	carry		34	미래, 장래; 미래의, 장래의	f
15	purse		35	연주회, 콘서트	c
16	wallet		36	표, 입장권	t
17	aside		37	온라인의; 온라인으로	o
18	toilet		38	저녁(일몰부터 잘 때까지)	e
19	do the dishes		39	뜻밖의[놀라운] 일; 놀라게 하다	s
20	fur		40	큰 소리로, 시끄럽게	l

누적 테스트 14일차

월 일 | score / 40

01 bath _____
02 across _____
03 toilet _____
04 season _____
05 do one's best _____
06 decide _____
07 without _____
08 change _____
09 rest _____
10 pull _____
11 well _____
12 few _____
13 turn on _____
14 owner _____
15 arrow _____
16 river _____
17 diet _____
18 worry _____
19 some _____
20 live _____

21 물; 물을 주다 w_____
22 코미디, 희극 c_____
23 같이, 함께 t_____
24 경주, 경기 r_____
25 집, 가정; 집에, 집으로 h_____
26 파티[모임]; 일행, 단체 p_____
27 해[년/연]; 나이 y_____
28 입고[쓰고/끼고/신고] 있다 w_____
29 (보호용) 마스크; 가면[탈] m_____
30 제복, 유니폼 u_____
31 선; (일렬로 세워진) 줄; 늘어서다 l_____
32 다시, 또 a_____
33 직사각형 r_____
34 비누 s_____
35 큰, 넓은; 많은 l_____
36 만화 영화, 애니메이션 a_____
37 적; (전쟁에서의) 적국, 적군 e_____
38 추운, 차가운; 감기 c_____
39 무게, 체중 w_____
40 언제; ~할 때 w_____

누적 테스트 15일차

01	hope		
02	watch out for		
03	ago		
04	decide		
05	blow		
06	west		
07	garbage		
08	lawn		
09	exercise		
10	early		
11	often		
12	wake		
13	turn off		
14	middle		
15	lost		
16	wear		
17	step		
18	then		
19	final		
20	for the first time		
21	(TV · 라디오의) 채널	c	
22	시작하다; 출발하다	s	
23	바람	w	
24	숲, 삼림	f	
25	짓다, 세우다	b	
26	(성인) 남자, 남성; 사람, 인간	m	
27	식량, 음식	f	
28	(책 · 잡지의) 본문, 글	t	
29	어린, 젊은	y	
30	이름, 성명; 이름을 지어주다	n	
31	온라인의; 온라인으로	o	
32	계절; 시기, 철	s	
33	사냥꾼	h	
34	잘생긴	h	
35	빠른; 빨리	f	
36	(TV 등의) 프로그램	p	
37	동쪽; 동쪽의	e	
38	표, 입장권	t	
39	가사, 집안일	h	
40	골, 득점; 목표	g	

누적 테스트 16일차

월   일 | score   / 40

01	pour		21	(성인) 여자, 여성	w
02	flat		22	식당, 레스토랑	r
03	lose		23	안에[으로] / ~안에; 안, 내부	i
04	boil		24	밤, 야간	n
05	add		25	코미디, 희극	c
06	evening		26	좋은, 괜찮은, 멋진	n
07	bridge		27	메모, 쪽지; 필기, 노트	n
08	change		28	느린, 더딘	s
09	weight		29	아침, 오전	m
10	without		30	섞이다, 섞다	m
11	early		31	바다	s
12	away		32	제복, 유니폼	u
13	often		33	짧은; 키가 작은	s
14	lost		34	첫째의; 맨 먼저	f
15	then		35	힘센, 강한	s
16	different		36	자정	m
17	way		37	시작하다	b
18	fast		38	해산물	s
19	next to		39	사건[일]; 행사	e
20	do the dishes		40	중심, 중앙; 종합시설, 센터	c

누적 테스트 17일차

01	spell		21	(보호용) 마스크; 가면[탈] — m
02	firework		22	(TV·라디오의) 채널 — c
03	purse		23	만화 영화, 애니메이션 — a
04	future		24	강 — r
05	minute		25	밤, 야간 — n
06	exercise		26	시작하다; 출발하다 — s
07	step		27	사건[일]; 행사 — e
08	final		28	많은 — m
09	midnight		29	매일의, 일상의; 매일 — d
10	begin		30	강의, 강좌; (배·비행기의) 항로 — c
11	front		31	위로[에]; ~위로[에] — u
12	near		32	인생, 삶; 목숨[생명] — l
13	leave		33	돕다, 도와주다; 도움 — h
14	noon		34	달, 월, 개월 — m
15	next to		35	산; 산맥 — m
16	middle		36	우승자, 승자 — w
17	silver		37	경보; 알람, 자명종 — a
18	climb		38	금; 금으로 만든; 금빛의 — g
19	once		39	(그림)엽서 — p
20	get up		40	메달; 훈장 — m

누적 테스트 18일차

01	come from		21	놀라운, 굉장한	a
02	aside		22	(잠에서) 깨대[일어나다]; 깨우다	w
03	add		23	앞(부분); 앞부분의	f
04	lawn		24	결코[절대] ~하지 않다	n
05	without		25	피곤한, 지친; 싫증난	t
06	blow		26	(길이·거리가) 긴; (시간이) 오랜	l
07	for the first time		27	떠나다; 남겨두다	l
08	near		28	동쪽; 동쪽의	e
09	diet		29	메모, 쪽지; 필기, 노트	n
10	once		30	식당, 레스토랑	r
11	get up		31	매일의, 일상의; 매일	d
12	arrive		32	잊다	f
13	crazy		33	(특정한) 순간, 시점; 잠깐, 잠시	m
14	with		34	가족, 가정	f
15	walk		35	마침내, 결국	f
16	ahead		36	도움이 되는, 유익한	h
17	celebrate		37	고마워하다, 감사하다	t
18	straight		38	탄생, 출생	b
19	hike		39	인생, 삶; 목숨[생명]	l
20	from time to time		40	생일	b

누적 테스트 19일차

#	영어		#	한국어	힌트
01	weak		21	중심, 중앙; 종합시설, 센터	c
02	garbage		22	화살; 화살표	a
03	wear		23	담; 벽	w
04	forest		24	식물; (나무 등을) 심다	p
05	west		25	달, 월, 개월	m
06	away		26	고향	h
07	near		27	~뒤[후]에; ~한 뒤[후]에	a
08	climb		28	좌석, 자리	s
09	forget		29	경주, 경기	r
10	ahead		30	피곤한, 지친; 싫증난	t
11	interest		31	산; 산맥	m
12	celebrate		32	모형; 모델	m
13	in		33	여행	t
14	hang		34	전갈, 메시지	m
15	different		35	(물감으로 그린) 그림	p
16	moment		36	꽃	f
17	send		37	서늘한, 시원한	c
18	windy		38	정원, 뜰	g
19	return		39	도착하다	a
20	all day (long)		40	이메일	e

누적 테스트 20일차

#	English	#	Korean	hint
01	enemy	21	해산물	s
02	do one's best	22	은; 은으로 만든; 은빛의	s
03	ago	23	고향	h
04	season	24	포스터, 벽보	p
05	inside	25	허리띠; 벨트	b
06	after	26	간단한, 쉬운; 단순한, 소박한	s
07	from time to time	27	고마워하다, 감사하다	t
08	hang	28	(길이·거리가) 긴; (시간이) 오랜	l
09	garden	29	열쇠[키]; 비결	k
10	plant	30	사막	d
11	snowy	31	소리; (~하게) 들리다	s
12	foggy	32	맛있는	d
13	far	33	지하철	s
14	fine	34	알록달록한, (색이) 다채로운	c
15	turn	35	첫째의; 맨 먼저	f
16	style	36	경보; 알람, 자명종	a
17	funny	37	메달; 훈장	m
18	lock	38	모형; 모델	m
19	really	39	좌석, 자리	s
20	again and again	40	디저트, 후식	d

누적 테스트 21일차

01	toilet		21	힘센, 강한	s
02	decide		22	금; 금으로 만든; 금빛의	g
03	nice		23	가족, 가정	f
04	birthday		24	똑바로; 곧장; 곧은, 일직선의	s
05	finally		25	전갈, 메시지	m
06	star		26	사막	d
07	return		27	도움이 되는, 유익한	h
08	all day (long)		28	(물감으로 그린) 그림	p
09	fine		29	행복한	h
10	want		30	간단한, 쉬운; 단순한, 소박한	s
11	interesting		31	분명한; 맑은, 투명한	c
12	of		32	음악가, 뮤지션	m
13	yet		33	사다, 구입하다	b
14	glove		34	놓다[두다/넣다]	p
15	south		35	북쪽; 북쪽의	n
16	closet		36	말하다, 이야기하다	t
17	station		37	기억(력); 추억	m
18	cotton		38	보다; 알다, 이해하다	s
19	promise		39	안개가 낀	f
20	anybody		40	멀리; 먼, 멀리 떨어진	f

누적 테스트 22일차

01	few	21 탄생, 출생	b
02	weight	22 걷다; 걷기, 산책	w
03	often	23 꽃	f
04	short	24 포스터, 벽보	p
05	up	25 알록달록한, (색이) 다채로운	c
06	wall	26 맛있는	d
07	dessert	27 자랑스러워하는, 자랑스러운	p
08	style	28 약속하다; 약속	p
09	interesting	29 행복한	h
10	tell	30 끝나다; 끝내다	f
11	anybody	31 숙제	h
12	past	32 쉽게, 수월하게	e
13	clothing	33 미끄러지다; 미끄럼틀	s
14	put on	34 마법, 마술; 마법[마술]의	m
15	station	35 슬픈	s
16	fence	36 울다; 외치다	c
17	pass	37 환상적인, 멋진	f
18	hill	38 뛰다, 뛰어오르다; 뛰기, 뛰어오름	j
19	over	39 마술사	m
20	roll	40 보여주다; 쇼, 공연물	s

누적 테스트 23일차

01 diet
02 early
03 with
04 in
05 subway
06 turn
07 lock
08 of
09 yet
10 glove
11 magician
12 roll
13 down
14 lonely
15 be happy with
16 insect
17 riddle
18 museum
19 solve
20 ask

21 많은 — m
22 (그림)엽서 — p
23 소리; (~하게) 들리다 — s
24 기억(력); 추억 — m
25 보여주다; 쇼, 공연물 — s
26 검사; 시험 — t
27 미안한; 유감스러운 — s
28 예의 바른, 공손한 — p
29 여행; 여행하다, 관광하다 — t
30 미끄러지다; 미끄럼틀 — s
31 (특정 국가·지역의) 언어 — l
32 보다; 알다, 이해하다 — s
33 관광객 — t
34 소리치다, 외치다 — s
35 솜씨[재주]; 기술 — s
36 바람이 많이 부는 — w
37 어려운 — d
38 키가 큰, 높은 — t
39 야생의 — w
40 동물, 짐승 — a

누적 테스트 24일차

월   일 | score   / 40

01 lost
02 noon
03 north
04 south
05 closet
06 proud
07 fence
08 time
09 team
10 wild
11 polite
12 afraid
13 learn
14 all the time
15 noise
16 star
17 relax
18 captain
19 study
20 hike

21 우승자, 승자 — w
22 조깅하다 — j
23 서늘한, 시원한 — c
24 열쇠[키]; 비결 — k
25 ~을 따라 — a
26 마법, 마술; 마법[마술]의 — m
27 슬픈 — s
28 안내인[가이드]; 안내하다 — g
29 동물, 짐승 — a
30 (특정 국가·지역의) 언어 — l
31 도서관 — l
32 문제, 어려움; (시험 등의) 문제 — p
33 해변, 바닷가 — b
34 일원, 회원 — m
35 충분한; 충분히 — e
36 울다; 외치다 — c
37 햇빛, 햇살 — s
38 밀림, 정글 — j
39 교실, 강의실 — c
40 음악가, 뮤지션 — m

누적 테스트 25일차

01 clear	21 목소리, 음성 — v
02 cotton	22 길; 방법, 방식 — w
03 pass	23 규칙; 통치하다 — r
04 hill	24 밀림, 정글 — j
05 insect	25 기억하다 — r
06 riddle	26 눈이 많이 오는 — s
07 learn	27 환상적인, 멋진 — f
08 all the time	28 놓다[두다/넣다] — p
09 team	29 이야기하다, 말하다; 연설하다 — s
10 waterfall	30 뛰다, 뛰어오르다; 뛰기, 뛰어오름 — j
11 try	31 주, 일주일 — w
12 date	32 동굴 — c
13 explain	33 솜씨[재주]; 기술 — s
14 little	34 교실, 강의실 — c
15 as	35 조깅하다 — j
16 where	36 벨[종]; 종소리 — b
17 ring	37 모든; 매~, ~마다 — e
18 crazy	38 조용한, 고요한 — q
19 kiss	39 결혼하다 — m
20 never	40 도망가다 — r

누적 테스트 26일차

월   일 | score   / 40

01 help
02 interest
03 want
04 past
05 easily
06 over
07 shout
08 learn
09 fly
10 solve
11 noise
12 along
13 phone
14 calm
15 fall in love with
16 close
17 lesson
18 get
19 hard
20 bank

21 예쁜; 꽤; 매우   p
22 언덕, (낮은) 산   h
23 보다; 손목시계   w
24 허리띠; 벨트   b
25 관광객   t
26 해변, 바닷가   b
27 도서관   l
28 반지; (소리가) 울리다   r
29 이야기하다, 말하다; 연설하다   s
30 연설가, 발표자   s
31 박물관, 미술관   m
32 어디에[로]   w
33 기억하다   r
34 (마차 등을) 끌다; 그리다   d
35 손; 건네다   h
36 드레스; 옷을 입다[입히다]   d
37 결혼식   w
38 일원, 회원   m
39 구르다; 굴리다   r
40 동굴   c

누적 테스트 27일차

01 time
02 kiss
03 fan
04 relax
05 watch
06 quiet
07 marry
08 try
09 fly
10 save
11 back
12 ship
13 captain
14 grade
15 form
16 fall
17 take
18 play
19 promise
20 sign

21 여행 — t
22 보내다, 발송하다; 전하다 — s
23 끝나다; 끝내다 — f
24 상자, 케이스; 경우, 상황 — c
25 곤충 — i
26 우스운, 재미있는 — f
27 아래로, 낮은 쪽으로; ~아래로 — d
28 선물; 재능, 재주 — g
29 얼굴; 마주보다[향하다] — f
30 목소리, 음성 — v
31 어려운 — d
32 예쁜; 꽤; 매우 — p
33 햇빛, 햇살 — s
34 은행; 둑, 제방 — b
35 친절한; 종류 — k
36 빛나는, 밝은; 영리한 — b
37 장소; 놓다[두다] — p
38 여행; 여행하다, 관광하다 — t
39 규칙; 통치하다 — r
40 예의 바른, 공손한 — p

누적 테스트 28일차 | 월 일 | score / 40

01 lonely _____
02 guide _____
03 study _____
04 right _____
05 brain _____
06 draw _____
07 close _____
08 hand _____
09 place _____
10 break _____
11 husband _____
12 mirror _____
13 twice _____
14 sweet _____
15 sign _____
16 lesson _____
17 dot _____
18 ship _____
19 date _____
20 play _____

21 이메일 e_____
22 숙제 h_____
23 서두르다; 서두름 h_____
24 규칙; 통치하다 r_____
25 실제[진짜]로; 아주[정말] r_____
26 딸 d_____
27 충분한; 충분히 e_____
28 설명하다 e_____
29 드레스; 옷을 입다[입히다] d_____
30 달리다[뛰다]; 경영[운영]하다 r_____
31 채소 v_____
32 춤추는 사람, 댄서 d_____
33 아들 s_____
34 부모, 어버이 p_____
35 작은; 어린; 약간의; 조금의 l_____
36 머리, 고개; 향하다[가다] h_____
37 운전자, 기사 d_____
38 제과점, 베이커리 b_____
39 치과의사 d_____
40 방망이, 배트; 박쥐 b_____

누적 테스트 29일차

#	영어		#	한국어	영어
01	again and again		21	모든; 매~, ~마다	e
02	clothing		22	벨[종]; 종소리	b
03	be happy with		23	얼굴; 마주보다[향하다]	f
04	afraid		24	(지렁이 등 기어다니는) 벌레	w
05	as		25	빛나는, 밝은; 영리한	b
06	save		26	채소	v
07	back		27	이, 치아	t
08	kind		28	거실	l
09	form		29	학년; 성적	g
10	fall		30	발	f
11	take		31	하늘	s
12	husband		32	슬프게, 불행히	s
13	parent		33	모자	h
14	circle		34	제과점, 베이커리	b
15	surprising		35	바쁜; 혼잡한	b
16	rude		36	냉장고	r
17	fan		37	비가 오는	r
18	behind		38	점심 (식사)	l
19	even		39	눈 깜박임; 윙크하다	w
20	bone		40	오후	a

누적 테스트 30일차

#	영어	우리말	#	우리말	영어
01	put on		21	검사; 시험	t
02	speaker		22	문제, 어려움; (시험 등의) 문제	p
03	hard		23	폭포	w
04	head		24	방망이, 배트; 박쥐	b
05	right		25	딸	d
06	run		26	냉장고	r
07	mirror		27	원	c
08	dentist		28	화난	a
09	rude		29	엄지손가락	t
10	even		30	모기	m
11	ugly		31	망치	h
12	shoulder		32	조부모	g
13	lid		33	양초	c
14	toe		34	손가락	f
15	kill		35	도둑	t
16	pocket		36	선물; 재능, 재주	g
17	fist		37	점, 반점	d
18	furniture		38	서두르다; 서두름	h
19	hospital		39	바쁜; 혼잡한	b
20	blanket		40	군인	s

Answer Key

DAY 02

01 요리하다; 요리사 02 ~로[에]; ~까지 03 따뜻한 04 노크하다, 두드리다 05 먹이를 주다 06 문 07 호수 08 ~할 것이다, ~할 예정이다 09 기쁜, 반가운 10 ~전에; ~하기 전에 11 연못 12 여기에(서), 이곳으로 13 자전거 14 부엌, 주방 15 농장 16 거기에(서), 그곳으로 17 화창한, 맑은 18 노래 19 제빵사 20 (말·탈것 등을) 타다; 타기, 타고 가기 21 teacher 22 enter 23 love 24 okay 25 weather 26 barn 27 vase 28 listen 29 careful 30 breakfast 31 cook 32 school 33 sharp 34 swim 35 knife 36 sing 37 pilot 38 fish 39 seed 40 here, and, there

DAY 03

01 들리다, 듣다 02 둥근 03 (말·탈것 등을) 타다; 타기, 타고 가기 04 다음[뒤/옆]의; 그 다음[뒤]에 05 음악 06 방, -실 07 모양, 형태; (건강) 상태; 몸매 08 기쁜, 반가운 09 아침 (식사) 10 따뜻한 11 조종사, 비행사 12 듣다, 귀 기울이다 13 노래하다, (노래를) 부르다 14 부엌, 주방 15 들어가다; 입학하다 16 날카로운, 뾰족한 17 붓, 솔, 빗; 솔질[빗질/양치질]을 하다 18 씻다 19 앉다 20 ~와 같은 21 table 22 around 23 swim 24 fish 25 feed 26 before 27 heart 28 lake 29 to 30 dish 31 chew 32 loud 33 hungry 34 knife 35 hair 36 weather 37 triangle 38 knock 39 menu 40 careful

DAY 04

01 응, 좋아; 괜찮은 02 홈룸(소속 반) 03 (장식용) 병, 꽃병 04 문 05 노래 06 ~옆에; ~로 07 기차; 교육[훈련]시키다 08 농부 09 붓, 솔, 빗; 솔질[빗질/양치질]을 하다 10 자라다, 성장하다; 기르다 11 학교 12 헛간; 외양간 13 여기저기에 14 ~와 같은 15 거의, 대략; ~에 대하여 16 씻다 17 ~ 주위에, ~을 둘러싸고; 주위에 18 큰 소리의, 시끄러운 19 모양, 형태; (건강) 상태; 몸매 20 심장; 마음 21 chew 22 same 23 age 24 high 25 above 26 cloudy 27 seed 28 travel 29 cloud 30 world 31 bicycle 32 pick 33 hair 34 fruit 35 here 36 there 37 cafeteria 38 cook 39 hear 40 playground

DAY 05

01 거의, 대략; ~에 대하여 02 고르다; 따다, 꺾다 03 ~보다 위에; 위에, 위로 04 욕실, 화장실 05 깨끗한; 청소하다 06 사랑하다; 매우 좋아하다; 사랑 07 자라다, 성장하다; 기르다 08 학교에 다니다 09 부르다; 전화하다; 전화 (통화) 10 (동물의) 꼬리 11 둥근 12 테이블, 탁자 13 운동장, 놀이터 14 뜨거운, 더운; 매운 15 깃털 16 가입하다; 함께하다 17 흐린, 구름이 잔뜩 낀 18 요리하다; 요리사 19 ~할 것이다, ~할 예정이다 20 연못 21 teacher 22 dance 23 baker 24 sunny 25 farm 26 gym 27 same 28 menu 29 ambulance 30 fur 31 dish 32 club 33 travel 34 dirty 35 police 36 bake 37 hungry 38 drama 39 sit 40 bath

DAY 06

01 먹이를 주다 02 다음[뒤/옆]의; 그 다음[뒤]에 03 (높이가) 높은; (양·정도가) 높은, 많은; 높이 04 ~옆에; ~로 05 체육관, 헬스장 06 깨끗한; 청소하다 07 더러운, 지저분한 08 가입하다; 함께하다 09 (빵 따위를) 굽다 10 날개 11 (일부 동물의) 털; 모피 12 물론, 당연히 13 선; (일렬로 세워진) 줄; 늘어서다 14 페인트; 페인트칠하다; (그림 물감으로) 그리다 15 색(깔); (~에) 색칠[채색]하다 16 기다리다 17 가게, 상점; 물건을 사다, 쇼핑하다 18 한 쌍[켤레]; (두 개로 분리할 수 없는) 한 개 19 (책·잡지의) 본문, 글 20 ~을 집다; ~을 (차에) 태우러 가다[오다] 21 careful 22 sharp 23 swim 24 sunglasses 25 title 26 carefully 27 music

28 room 29 triangle 30 drive 31 bookstore 32 mystery 33 age 34 world 35 snow 36 train 37 bread 38 hot 39 oven 40 theater

DAY 07

01 목욕 02 깃털 03 ~안[속]으로; ~로 04 거의, 대략; ~에 대하여 05 들리다, 듣다 06 노크하다, 두드리다 07 전 세계로, 세계 곳곳에 08 여행하다; 여행 09 선; (일렬로 세워진) 줄; 늘어서다 10 ~을 집다; ~을 (차에) 태우러 가다[오다] 11 ~보다 위에; 위에, 위로 12 일을 하는 사람; 노동자 13 한 쌍[켤레]; (두 개로 분리할 수 없는) 한 개 14 따르다[붓다]; (비가) 퍼붓다 15 (동물의) 꼬리 16 흐린, 구름이 잔뜩 낀 17 씨, 씨앗 18 조심스럽게, 신중하게 19 각자의, 각각의; 각자, 각각 20 (음식을) 씹다 21 movie 22 shoe 23 soon 24 factory 25 open 26 textbook 27 bathroom 28 wait 29 traveler 30 page 31 call 32 police 33 ready 34 hope 35 picture 36 dark 37 color 38 meet 39 pack 40 club

DAY 08

01 들어가다; 입학하다 02 큰 소리의, 시끄러운 03 자라다, 성장하다; 기르다 04 고르다; 따다, 꺾다 05 따르다[붓다]; (비가) 퍼붓다 06 각자의, 각각의; 각자, 각각 07 상; (상 등을) 수여하다, 주다 08 (높이가) 낮은; (양·정도가) 낮은[적은] 09 매우, 아주; 그렇게; 그래서 10 희망하다, 바라다; 희망, 바람 11 일하다, 노력하다; 작동되다; 일, 업무 12 바라다, 원하다; 소원 13 큰 소리로, 시끄럽게 14 철자를 말하다 15 평평한 16 ~로 만들어지다, ~로 구성되다 17 (소리 내어) 웃다; 웃음 18 페인트; 페인트칠하다; (그림 물감으로) 그리다 19 (짐을) 싸다; 포장하다 20 크기, 규모; (옷·신발 등의) 치수, 사이즈 21 fish 22 ambulance 23 drama 24 dance 25 bread 26 drive 27 snow 28 shoe 29 mystery 30 rectangle 31 compass 32 office 33 make 34 list 35 win 36 actor 37 movie 38 tea 39 again 40 factory

DAY 09

01 ~안[속]으로; ~로 02 만나다 03 곧, 머지않아 04 바라다, 원하다; 소원 05 상; (상 등을) 수여하다, 주다 06 정확한, 옳은; 수정하다[고치다] 07 가져오다, 데려오다 08 자기 자신의; 소유하다 09 (연필 등으로 그린) 그림 10 놀라운, 굉장한 11 가게, 상점; 물건을 사다, 쇼핑하다 12 (책·잡지의) 본문, 글 13 붓, 솔, 빗; 솔질[빗질/양치질]을 하다 14 평평한 15 (행사가) 열리다, (사건이) 일어나다 16 극장 17 교과서 18 축제 19 불꽃놀이 20 행진[행군]하다; 행진, 행군 21 playground 22 ready 23 best 24 talk 25 how 26 question 27 woman 28 class 29 next 30 barn 31 picture 32 laugh 33 name 34 wing 35 dictionary 36 beautiful 37 oven 38 nickname 39 know 40 around, the, world

DAY 10

01 빠진 것이 없는, 완전한; 완료하다 02 일하다; 노력하다; 작동되다; 일, 업무 03 (높이가) 낮은; (양·정도가) 낮은[적은] 04 행진[행군]하다; 행진, 행군 05 ~전에; ~하기 전에 06 심장; 마음 07 선글라스 08 매우, 아주; 그렇게; 그래서 09 철자를 말하다 10 가져오다, 데려오다 11 자기 자신의; 소유하다 12 알다, 알고 있다 13 어린, 젊은 14 가능한 15 강의, 강좌; (배·비행기의) 항로 16 역사 17 소유자, 주인 18 나르다, 운반하다; 가지고 다니다 19 이기다; 따다, 획득하다 20 ~출신이다, ~에서 오다 21 worker 22 large 23 subject 24 heavy 25 handsome 26 lovely 27 list 28 soap 29 traveler 30 dark 31 answer 32 slow 33 weak 34 teach 35 fruit 36 powder 37 office 38 bubble 39 warm 40 of, course

DAY 11

01 사전 02 정확한, 옳은; 수정하다[고치다] 03 (행사가) 열리다, (사건이) 일어나다 04 나침반 05 잃어버리다; (시합 등에서) 지다 06 비싼 07 ~로 만들어지다, ~로 구성되다 08 한쪽으로, 옆쪽으로 09 사냥하다; 사냥 10 (여성용) 지갑; 핸드백 11 지갑 12 뜻밖의[놀라운] 일; 놀라게 하다 13 적; (전쟁에서의) 적국, 적군 14 농부 15 ~로[에]; ~까지 16 깃털 17 큰 소리로, 시끄럽게 18 어떻게; 어떠하여; 얼마나 19 ~와 같은 20 주제; 과목 21 make 22 powder 23 for 24 backpack 25 open 26 safe 27 puzzle 28 festival 29 hunter 30 house 31 title 32 arrow 33 pet 34 weak 35 course 36 owner 37 plan 38 pull 39 come, from 40 watch, out, for

DAY 12

01 구름 02 배우 03 빠진 것이 없는, 완전한; 완료하다 04 가르치다 05 주제; 과목 06 안전한 07 잃어버리다; (시합 등에서) 지다 08 비싼 09 사냥하다; 사냥 10 걱정하다; 걱정, 고민거리 11 너무; ~도, 또한 12 끓다; 끓이다 13 약간의, 몇몇의; 약간, 몇몇 14 조금[약간]의; 어느, 어떤 15 냄비, 솥 16 사다, 구입하다 17 추가[첨가]하다; 더하다, 합하다 18 모든; 모두 19 같이, 함께 20 최선을 다하다 21 dish 22 dirty 23 bookstore 24 nickname 25 lovely 26 party 27 page 28 answer 29 question 30 drawing 31 beautiful 32 curtain 33 easy 34 use 35 friend 36 future 37 race 38 goal 39 fast 40 possible

DAY 13

01 같은, 동일한 02 끓다; 끓이다 03 추가[첨가]하다; 더하다, 합하다 04 휴식; 쉬다, 휴식하다 05 (수가) 많지 않은, 거의 없는; 몇몇의, 조금의 06 짓다, 세우다 07 (얼마의 시간) 전에 08 쓰레기 09 다리 10 ~을 가로질러; ~맞은[건너]편에 11 잔디밭 12 (요리용) 기름; (연료용) 기름[석유] 13 ~을 집다; ~을 (차에) 태우러 가다[오다] 14 나르다, 운반하다; 가지고 다니다 15 (여성용) 지갑; 핸드백 16 지갑 17 한쪽으로, 옆쪽으로 18 변기; 화장실 19 설거지를 하다 20 (일부 동물의) 털; 모피 21 number 22 housework 23 plan 24 champion 25 tea 26 bubble 27 history 28 buy 29 mix 30 minute 31 class 32 puzzle 33 heavy 34 future 35 concert 36 ticket 37 online 38 evening 39 surprise 40 loudly

DAY 14

01 목욕 02 ~을 가로질러; ~맞은[건너]편에 03 변기; 화장실 04 계절; 시기, 철 05 최선을 다하다 06 결정하다, 결심하다 07 ~없이 08 변하다; 바꾸다; 변화; 거스름돈, 잔돈 09 휴식; 쉬다, 휴식하다 10 끌다, 잡아당기다 11 잘, 훌륭하게; 건강한 12 (수가) 많지 않은, 거의 없는; 몇몇의, 조금의 13 ~을 켜다 14 소유자, 주인 15 화살; 화살표 16 강 17 (일상적인) 식사[음식]; 다이어트, 식이요법 18 걱정하다; 걱정, 고민거리 19 약간의, 몇몇의; 약간, 몇몇 20 (장소에) 살다; 생존하다; 살아있는 21 water 22 comedy 23 together 24 race 25 home 26 party 27 year 28 wear 29 mask 30 uniform 31 line 32 again 33 rectangle 34 soap 35 large 36 animation 37 enemy 38 cold 39 weight 40 when

DAY 15

01 희망하다, 바라다; 희망, 바람 02 ~을 조심하다 03 (얼마의 시간) 전에 04 결정하다, 결심하다 05 (바람이) 불다; (입으로) 불다 06 서쪽; 서쪽의 07 쓰레기 08 잔디밭 09 운동; 운동하다 10 이른, 빠른; 일찍 11 흔히, 자주 12 (잠에서) 깨다[일어나다]; 깨우다 13 ~을 끄다 14 중앙, 가운데; 가운데[중간]의 15 길을 잃은; 잃어버린 16 입고[쓰고/끼고/신고] 있다 17 (발)걸음; 단계 18 (과거·미래의) 그때; 그 다음에 19 마지막의,

최후의; 결승(전) **20** 처음으로 **21** channel **22** start **23** wind **24** forest **25** build **26** man **27** food **28** text **29** young **30** name **31** online **32** season **33** hunter **34** handsome **35** fast **36** program **37** east **38** ticket **39** housework **40** goal

DAY 16

01 따르다[붓다]; (비가) 퍼붓다 **02** 평평한 **03** 잃어버리다; (시합 등에서) 지다 **04** 끓다; 끓이다 **05** 추가[첨가]하다; 더하다, 합하다 **06** 저녁(일몰부터 잘 때까지) **07** 다리 **08** 변하다; 바꾸다; 변화; 거스름돈, 잔돈 **09** 무게, 체중 **10** ~없이 **11** 이른, 빠른; 일찍 **12** 떨어져, 멀리 **13** 흔히, 자주 **14** 길을 잃은; 잃어버린 **15** (과거·미래의) 그때; 그 다음에 **16** 다른, 차이가 나는; 여러 가지의 **17** 길; 방법, 방식 **18** 빠른; 빨리 **19** ~옆에 **20** 설거지를 하다 **21** woman **22** restaurant **23** inside **24** night **25** comedy **26** nice **27** note **28** slow **29** morning **30** mix **31** sea **32** uniform **33** short **34** first **35** strong **36** midnight **37** begin **38** seafood **39** event **40** center

DAY 17

01 철자를 말하다 **02** 불꽃놀이 **03** (여성용) 지갑; 핸드백 **04** 미래, 장래; 미래의, 장래의 **05** (시간 단위의) 분; 잠깐 **06** 운동; 운동하다 **07** (발)걸음; 단계 **08** 마지막의, 최후의; 결승(전) **09** 자정 **10** 시작하다 **11** 앞(부분); 앞부분의 **12** 가까운; 가까이; ~가까이에 **13** 떠나다; 남겨두다 **14** 정오 **15** ~옆에 **16** 중앙, 가운데; 가운데[중간]의 **17** 은; 은으로 만든; 은빛의 **18** 오르다, 올라가다 **19** 한 번 **20** (잠자리에서) 일어나다; 일어서다 **21** mask **22** channel **23** animation **24** river **25** night **26** start **27** event **28** many **29** daily **30** course **31** up **32** life **33** help **34** month **35** mountain **36** winner **37** alarm **38** gold **39** postcard **40** medal

DAY 18

01 ~출신이다, ~에서 오다 **02** 한쪽으로, 옆쪽으로 **03** 추가[첨가]하다; 더하다, 합하다 **04** 잔디밭 **05** ~없이 **06** (바람이) 불다; (입으로) 불다 **07** 처음으로 **08** 가까운; 가까이; ~가까이에 **09** (일상적인) 식사[음식]; 다이어트, 식이요법 **10** 한 번 **11** (잠자리에서) 일어나다; 일어서다 **12** 도착하다 **13** 미친, 제정신이 아닌; 열광하는, 푹 빠진 **14** ~와 함께; ~로, ~을 이용하여 **15** 걷다; 걷기, 산책 **16** 앞으로, 앞에 **17** 기념하다, 축하하다 **18** 똑바로; 곧장, 곧은, 일직선의 **19** 하이킹[도보 여행]하다; 하이킹, 도보 여행 **20** 때때로, 가끔 **21** amazing **22** wake **23** front **24** never **25** tired **26** long **27** leave **28** east **29** note **30** restaurant **31** daily **32** forget **33** moment **34** family **35** finally **36** helpful **37** thank **38** birth **39** life **40** birthday

DAY 19

01 약한, 힘이 없는 **02** 쓰레기 **03** 입고[쓰고/끼고/신고] 있다 **04** 숲, 삼림 **05** 서쪽; 서쪽의 **06** 떨어져, 멀리 **07** 가까운; 가까이; ~가까이에 **08** 오르다, 올라가다 **09** 잊다 **10** 앞으로, 앞에 **11** 흥미, 관심 **12** 기념하다, 축하하다 **13** ~(안)에서; ~(동안)에 **14** 걸다, 매달다 **15** 다른, 차이가 나는; 여러 가지의 **16** (특정한) 순간, 시점; 잠깐, 잠시 **17** 보내다, 발송하다; 전하다 **18** 바람이 많이 부는 **19** 돌아오다[가다]; 돌려주다, 반납하다 **20** 하루 종일 **21** center **22** arrow **23** wall **24** plant **25** month **26** hometown **27** after **28** seat **29** race **30** tired **31** mountain **32** model **33** trip **34** message **35** painting **36** flower **37** cool **38**

garden 39 arrive 40 email

DAY 20

01 적; (전쟁에서의) 적국, 적군 02 최선을 다하다 03 (얼마의 시간) 전에 04 계절; 시기, 철 05 안에[으로] / ~안에; 안, 내부 06 ~뒤[후]에; ~한 뒤[후]에 07 때때로, 가끔 08 걸다, 매달다 09 정원, 뜰 10 식물; (나무 등을) 심다 11 눈이 많이 오는 12 안개가 낀 13 멀리; 먼, 멀리 떨어진 14 훌륭한, 좋은; 건강한 15 돌다; 돌리다; 순서, 차례 16 (행동·예술 등의) 방식, 양식; (옷 등의) 스타일 17 우스운, 재미있는 18 잠그다; 잠기다; 자물쇠 19 실제[진짜]로; 아주[정말] 20 몇 번이고, 되풀이해서 21 seafood 22 silver 23 hometown 24 poster 25 belt 26 simple 27 thank 28 long 29 key 30 desert 31 sound 32 delicious 33 subway 34 colorful 35 first 36 alarm 37 medal 38 model 39 seat 40 dessert

DAY 21

01 변기; 화장실 02 결정하다, 결심하다 03 좋은, 괜찮은, 멋진 04 생일 05 마침내, 결국 06 별; (가수·배우·운동선수 등의) 스타 07 돌아오다[가다]; 돌려주다, 반납하다 08 하루 종일 09 훌륭한, 좋은; 건강한 10 원하다; ~하고 싶다 11 재미있는, 흥미로운 12 ~의(어떤 사람이나 사물에게 속한 또는 그와 관련된) 13 아직, 벌써, 이미 14 장갑 15 남쪽; 남쪽의 16 벽장 17 역, 정류장; (관청·시설 등의) -소, -서 18 목화; 면(직물) 19 약속하다; 약속 20 누구, 누군가; 누구든 21 strong 22 gold 23 family 24 straight 25 message 26 desert 27 helpful 28 painting 29 happy 30 simple 31 clear 32 musician 33 buy 34 put 35 north 36 tell 37 memory 38 see 39 foggy 40 far

DAY 22

01 (수가) 많지 않은, 거의 없는; 몇몇의, 조금의 02 무게, 체중 03 흔히, 자주 04 짧은; 키가 작은 05 위로[에]; ~위로[에] 06 담; 벽 07 디저트, 후식 08 (행동·예술 등의) 방식, 양식 (옷 등의) 스타일 09 재미있는, 흥미로운 10 말하다, 이야기하다 11 누구, 누군가; 누구든 12 과거의; (얼마 전에) 지난; 과거 13 (집합적) 옷[의류] 14 ~을 입다[신다/쓰다] 15 역, 정류장; (관청·시설 등의) -소, -서 16 울타리 17 지나가다, 통과하다; 합격하다 18 언덕, (낮은) 산 19 ~위에[로]; (수 등이) ~ 넘는 20 구르다; 굴리다 21 birth 22 walk 23 flower 24 poster 25 colorful 26 delicious 27 proud 28 promise 29 happy 30 finish 31 homework 32 easily 33 slide 34 magic 35 sad 36 cry 37 fantastic 38 jump 39 magician 40 show

DAY 23

01 (일상적인) 식사[음식]; 다이어트, 식이요법 02 이른, 빠른; 일찍 03 ~와 함께; ~로, ~을 이용하여 04 ~(안)에서; ~(동안)에 05 지하철 06 돌다; 돌리다; 순서, 차례 07 잠그다; 잠기다; 자물쇠 08 ~의(어떤 사람이나 사물에게 속한 또는 그와 관련된) 09 아직; 벌써, 이미 10 장갑 11 마술사 12 구르다; 굴리다 13 아래로, 낮은 쪽으로; ~아래로 14 외로운, 쓸쓸한 15 ~에 만족하다, ~에 기뻐하다 16 곤충 17 수수께끼 18 박물관, 미술관 19 (문제를) 해결하다, 풀다 20 묻다, 물어보다; 부탁하다, 요청하다 21 many 22 postcard 23 sound 24 memory 25 show 26 test 27 sorry 28 polite 29 tour 30 slide 31 language 32 see 33 tourist 34 shout 35 skill 36 windy 37 difficult 38 tall 39 wild 40 animal

DAY 24

01 길을 잃은; 잃어버린 02 정오 03 북쪽; 북쪽의 04 남쪽; 남쪽의 05 벽장 06 자랑스러워하는, 자랑스러운 07 울타리 08 시각; 시간; (어떤 일이 있는) 때, 번 09 (경기 등의) 팀; (일을 함께 하는) 팀[조(組)] 10 야생의 11 예의 바른, 공손한 12 두려워하는, 겁내는 13 배우다, 학습하다 14 늘, 항상 15 (시끄러운) 소리, 소음 16 별; (가수·배우·운동선수 등의) 스타 17 (느긋이) 쉬다 18 선장, 기장; (특히 스포츠 팀의) 주장 19 공부하다; 연구하다; 공부; 연구 20 하이킹[도보 여행]하다; 하이킹, 도보 여행 21 winner 22 jog 23 cool 24 key 25 along 26 magic 27 sad 28 guide 29 animal 30 language 31 library 32 problem 33 beach 34 member 35 enough 36 cry 37 sunlight 38 jungle 39 classroom 40 musician

DAY 25

01 분명한; 맑은, 투명한 02 목화; 면(직물) 03 지나가다, 통과하다; 합격하다 04 언덕, (낮은) 산 05 곤충 06 수수께끼 07 배우다, 학습하다 08 늘, 항상 09 (경기 등의) 팀; (일을 함께 하는) 팀[조(組)] 10 폭포 11 노력하다, 애쓰다; (시험 삼아) 해보다, 시도하다 12 날짜; 만날 약속, (이성과의) 데이트 13 설명하다 14 작은; 어린; 약간의; 조금의 15 ~할 때, ~하면서; ~이기 때문에 16 어디에[로] 17 반지; (소리가) 울리다 18 미친, 제정신이 아닌; 열광하는, 푹 빠진 19 키스하다[입맞추다]; 키스, 입맞춤 20 결코[절대] ~하지 않다 21 voice 22 way 23 rule 24 jungle 25 remember 26 snowy 27 fantastic 28 put 29 speak 30 jump 31 week 32 cave 33 skill 34 classroom 35 jog 36 bell 37 every 38 quiet 39 marry 40 run, away

DAY 26

01 돕다, 도와주다; 도움 02 흥미, 관심 03 원하다; ~하고 싶다 04 과거의; (얼마 전에) 지난; 과거 05 쉽게, 수월하게 06 ~위에[로]; (수 등이) ~ 넘는 07 소리치다, 외치다 08 배우다, 학습하다 09 (새·곤충이) 날다; 비행기로 가다, 비행하다; 파리 10 (문제를) 해결하다, 풀다 11 (시끄러운) 소리, 소음 12 ~을 따라 13 전화(기) 14 침착한, 차분한; 진정하다; 진정시키다 15 ~와 사랑에 빠지다 16 닫다; (거리가) 가까운; 친한 17 수업 (시간); (교재의) 과, 교훈 18 받다; 얻다, 구하다; 가져오다 19 단단한, 딱딱한; 어려운; 열심히 20 은행; 둑, 제방 21 pretty 22 hill 23 watch 24 belt 25 tourist 26 beach 27 library 28 ring 29 speak 30 speaker 31 museum 32 where 33 remember 34 draw 35 hand 36 dress 37 wedding 38 member 39 roll 40 cave

DAY 27

01 시각; 시간; (어떤 일이 있는) 때, 번 02 키스하다[입맞추다]; 키스, 입맞춤 03 (스포츠·배우 등의) 팬; 부채; 선풍기 04 (느긋이) 쉬다 05 보다; 손목시계 06 조용한, 고요한 07 결혼하다 08 노력하다, 애쓰다; (시험 삼아) 해보다, 시도하다 09 (새·곤충이) 날다; 비행기로 가다, 비행하다; 파리 10 (위험 등에서) 구하다; (돈을) 모으다, 저축하다 11 뒤로, 다시, 돌아가[와]서; 뒤쪽, 뒷부분 12 (큰) 배, 선박; 배로 나르다, 수송하다 13 선장, 기장; (특히 스포츠 팀의) 주장 14 학년; 성적 15 종류, 유형; (문서의) 서식; 형성하다 16 떨어지다; 넘어지다, 쓰러지다; 가을 17 가져가다, 잡다[집다]; (시간이) 걸리다 18 놀다; (특정 경기를) 하다; 연주하다 19 약속하다; 약속 20 표지판, 간판; (서류·편지 등에) 서명하다 21 trip 22 send 23 finish 24 case 25 insect 26 funny 27 down 28 gift 29 face 30 voice 31 difficult 32 pretty 33 sunlight 34 bank 35 kind 36 bright 37 place 38 tour 39 rule 40 polite

DAY 28

01 외로운, 쓸쓸한 02 안내인[가이드]; 안내하다 03 공부하다; 연구하다; 공부; 연구 04 맞는, 정확한; (도덕적으로) 옳은, 올바른; 오른쪽의 05 뇌; 두뇌 06 (마차 등을) 끌다; 그리다 07 닫다; (거리가) 가까운; 친한 08 손; 건네다 09 장소; 놓다[두다] 10 깨다, 부수다; 어기다; (짧은) 휴식 11 남편 12 거울 13 두 번 14 단, 달콤한 15 표지판, 간판; (서류·편지 등에) 서명하다 16 수업 (시간); (교재의) 과; 교훈 17 점, 반점 18 (큰) 배, 선박; 배로 나르다, 수송하다 19 날짜; 만날 약속, (이성과의) 데이트 20 놀다; (특정 경기를) 하다; 연주하다 21 email 22 homework 23 hurry 24 rule 25 really 26 daughter 27 enough 28 explain 29 dress 30 run 31 vegetable 32 dancer 33 son 34 parent 35 little 36 head 37 driver 38 bakery 39 dentist 40 bat

DAY 29

01 몇 번이고, 되풀이해서 02 (집합적) 옷[의류] 03 ~에 만족하다, ~에 기뻐하다 04 두려워하는, 겁내는 05 ~할 때, ~하면서; ~이기 때문에 06 (위험 등에서) 구하다; (돈을) 모으다, 저축하다 07 뒤로; 다시, 돌아가[와]서; 뒤쪽, 뒷부분 08 친절한; 종류 09 종류, 유형; (문서의) 서식; 형성하다 10 떨어지다, 넘어지다, 쓰러지다; 가을 11 가져가다; 잡다[집다]; (시간이) 걸리다 12 남편 13 부모, 어버이 14 원 15 놀라운 16 무례한, 버릇없는 17 (스포츠·배우 등의) 팬; 부채; 선풍기 18 ~뒤에 19 ~도[조차] 20 뼈 21 every 22 bell 23 face 24 worm 25 bright 26 vegetable 27 tooth 28 living room 29 grade 30 foot 31 sky 32 sadly 33 hat 34 bakery 35 busy 36 refrigerator 37 rainy 38 lunch 39 wink 40 afternoon

DAY 30

01 ~을 입다[신다/쓰다] 02 연설가, 발표자 03 단단한, 딱딱한; 어려운; 열심히 04 머리, 고개; 향하다[가다] 05 맞는, 정확한; (도덕적으로) 옳은, 올바른; 오른쪽의 06 달리다[뛰다]; 경영[운영]하다 07 거울 08 치과의사 09 무례한, 버릇없는 10 ~도[조차] 11 못생긴, 추한 12 어깨 13 뚜껑 14 발가락 15 죽이다 16 (호)주머니 17 주먹 18 가구 19 병원 20 담요 21 test 22 problem 23 waterfall 24 bat 25 daughter 26 refrigerator 27 circle 28 angry 29 thumb 30 mosquito 31 hammer 32 grandparent 33 candle 34 finger 35 thief 36 gift 37 dot 38 hurry 39 busy 40 soldier